SERZO vs. PALENCIA

Preludio de una III Escuela de Vallecas

Prelude to a III School of Vallecas

TURNER

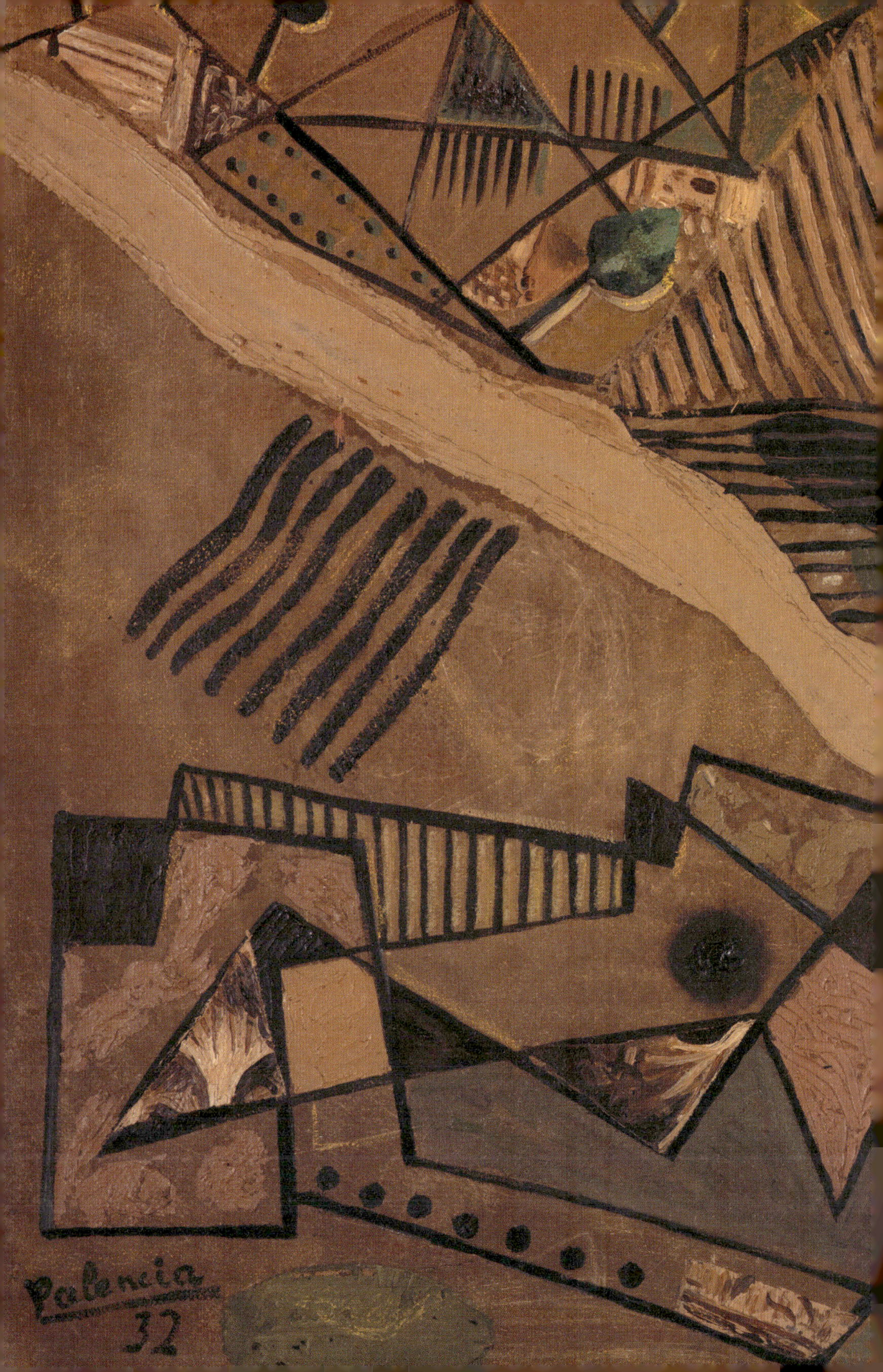
Palencia
32

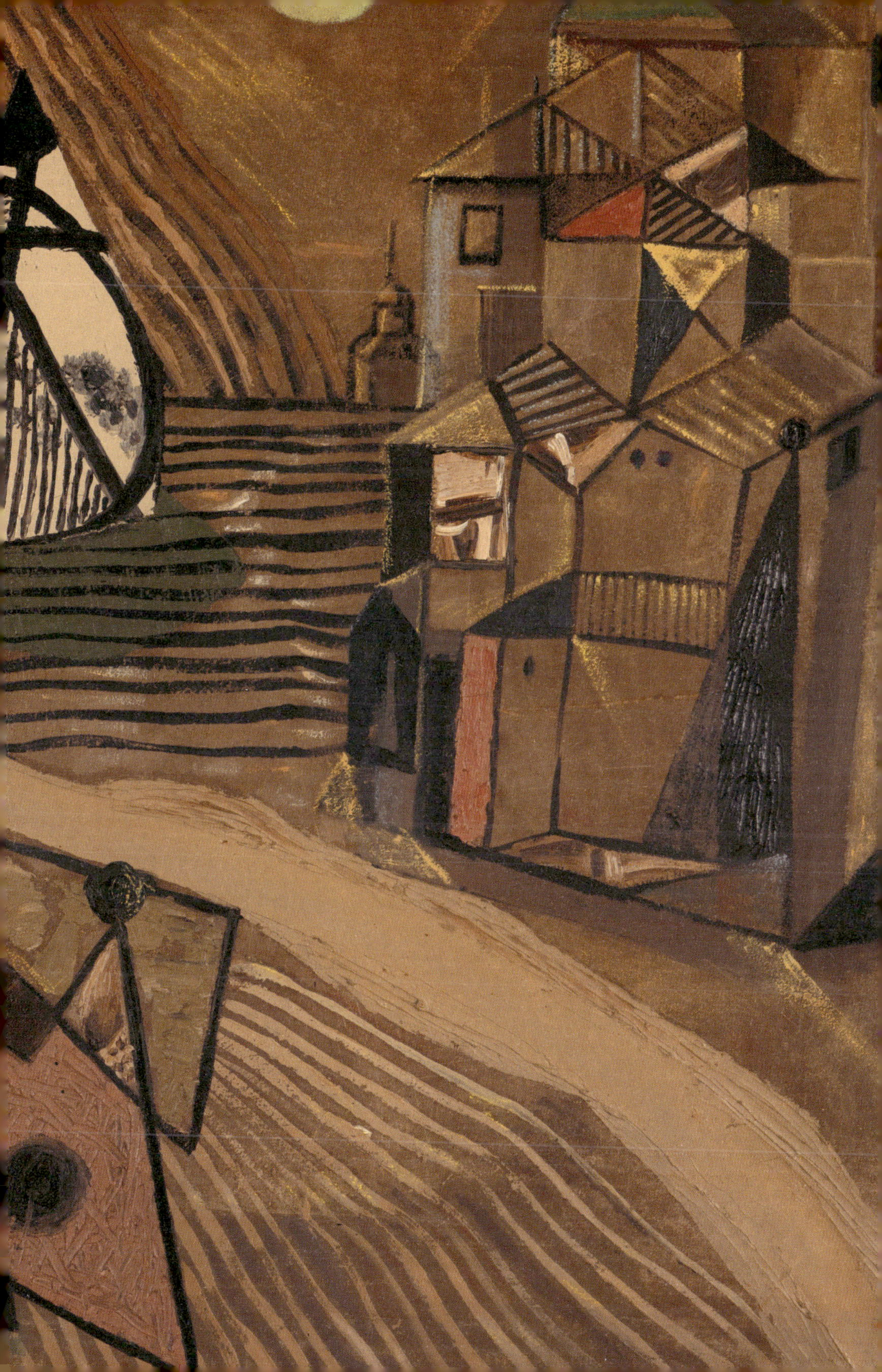

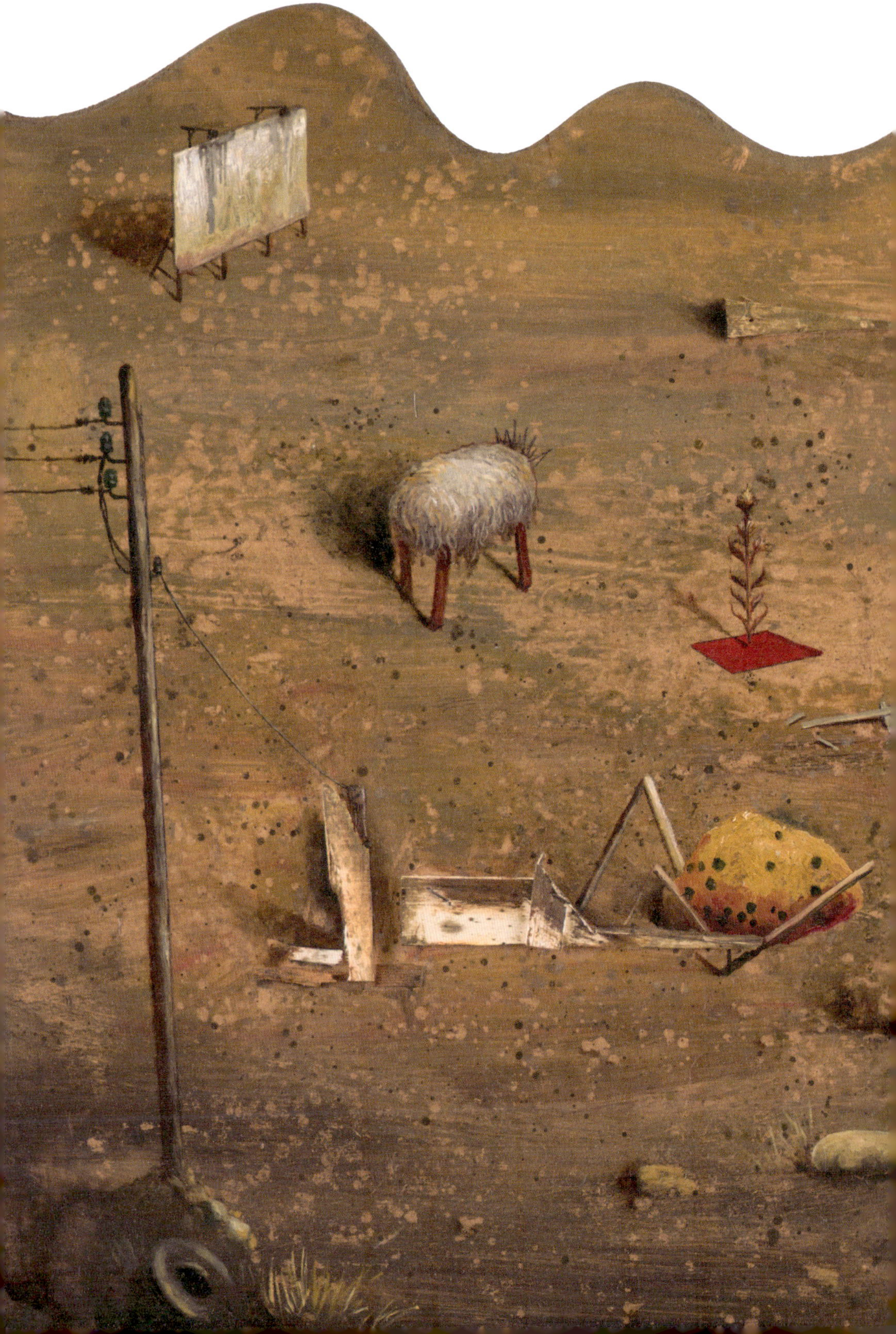

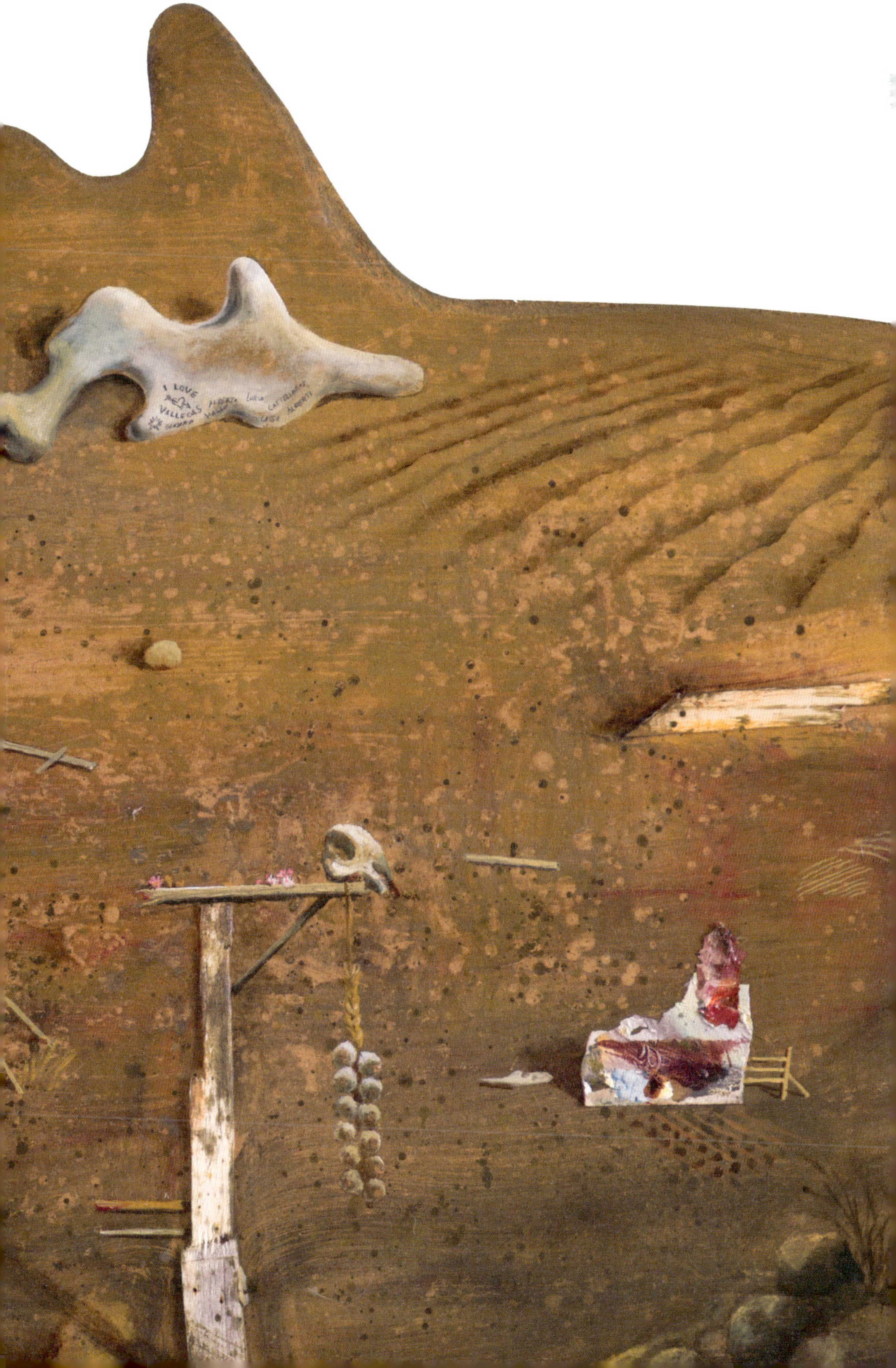
I LOVE
VALLECAS

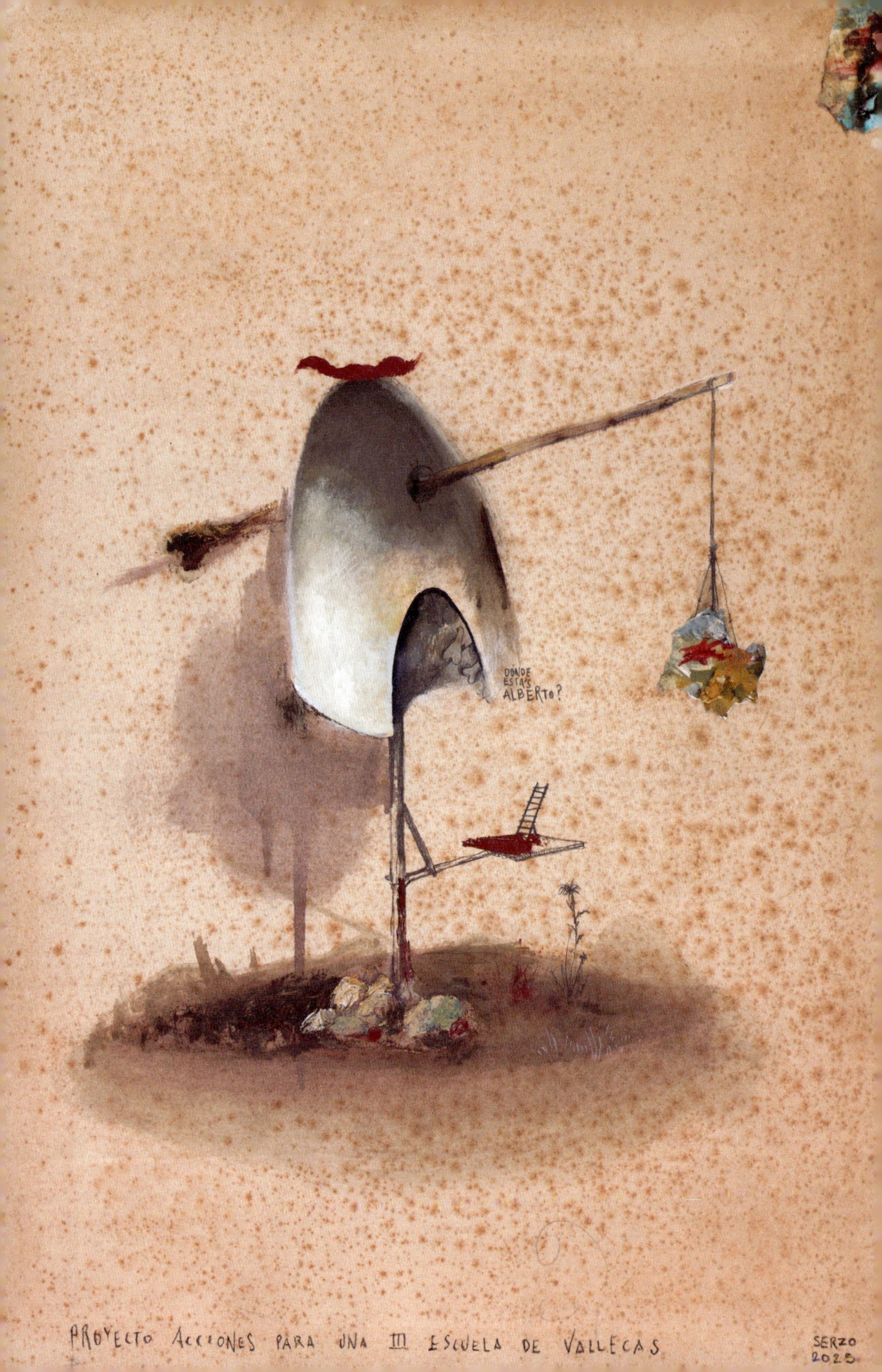
DONDE ESTÁS ALBERTO?
PROYECTO ACCIONES PARA UNA III ESCUELA DE VALLECAS
SERZO 2025

SERZO-PALENCIA, UN DIÁLOGO EN LA MANCHA

SERZO-PALENCIA, A DIALOGUE IN LA MANCHA

JUAN MANUEL BONET

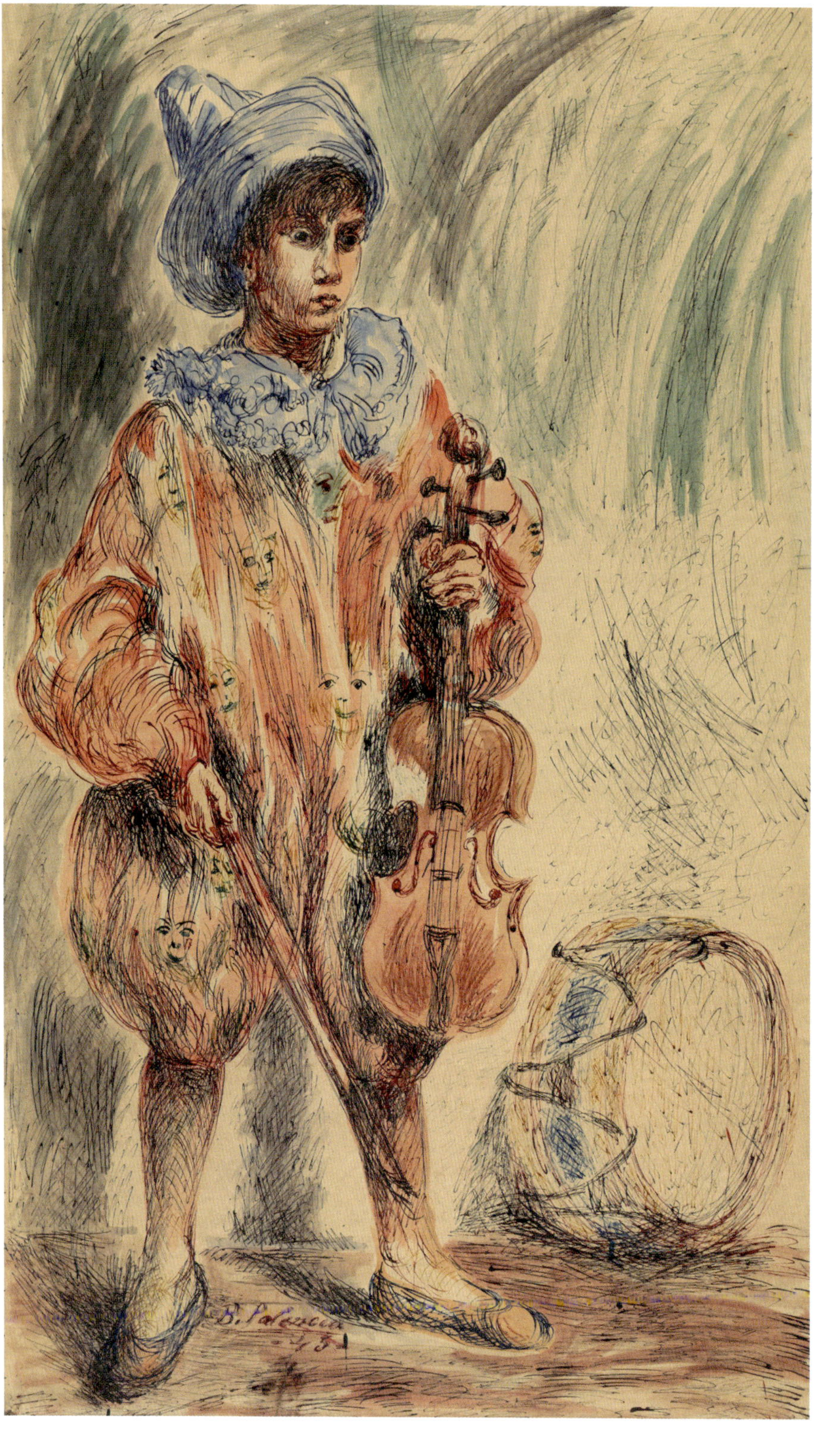
B. Palencia
43

Serzo-Palencia, un diálogo en la Mancha

Pocos pintores conozco tan obsesionados por la tradición como José Luis Serzo. Manchego de nacimiento y madrileño de adopción y formación, hoy reside en un pueblo de Cantabria. Ha revisitado ya muchos rincones de nuestro pasado y de nuestra geografía; ha comisariado exposiciones de otros artistas (por ejemplo, en 2016, la de Dis Berlin en el CEART de Fuenlabrada); ha participado en aventuras colectivas con otro gran fabulador como es el cartagenero Ángel Mateo Charris; ha hecho una película multipremiada en cuyo primer plano comparece cierto diccionario de las vanguardias en España, como comparecen luego la *Ursonate* de Schwitters y otros grandes hitos de la modernidad europea de los años veinte...

Desde que he ingresado en el universo de Serzo, me ha fascinado su capacidad narrativa, su faceta de pintor literario, que él no cultiva especialmente (que incluso niega... contra toda evidencia), pero que le sale sola.

Mi texto de 2020 para el catálogo de su exposición en el CAB de Burgos se titula «El gran teatro de José Luis Serzo». Literario y teatral: siempre me ha fascinado, en ese sentido, como lo digo ahí, que su vida de artista empezara en un cine, el Rex de Casas Ibáñez (Albacete), su localidad natal, donde su madre dirigía la compañía teatral que ahí operaba y él la ayudaba a pintar los decorados. «Mi infancia», ha contado él en una entrevista, «se coció entre bambalinas».

Esos inicios manchegos los ha recuperado con fuerza en estos últimos años. Y ha sido entonces cuando se ha dado cuenta de que, intuitivamente, aquí en Madrid, en Bellas Artes, había empezado de modo parecido a su paisano Benjamín Palencia, y al toledano Alberto, el gran cómplice de aquel. De ahí su auténtica obsesión, durante estos últimos años, por ambos, así como por Maruja Mallo y otros protagonistas de la aventura vallecana.

Serzo, evidentemente, no es solo la Mancha. Se ha embarcado también en historias entre stevensonianas y tintinescas de piratas; en una preciosa ficción sobre un naturalista en Venezuela, y en tramas norteamericanas entre Hopper y el cine negro. Este mismo año, en

Serzo-Palencia, a dialogue in La Mancha

I know few painters as obsessed with tradition as José Luis Serzo. Born in La Mancha, raised and educated in Madrid, he now lives in a village in Cantabria. Serzo has now revisited many corners of our past and our geography, curated exhibitions by other artists (for example: in 2016, the Dis Berlin exhibition at the CEART in Fuenlabrada), he has participated in collective adventures with another great storyteller, Ángel Mateo Charris from Cartagena, and he has made a multi-award-winning film in which a certain dictionary of the avant-garde in Spain appears in the foreground, as do Schwitters' *Ursonate* and other great milestones of European modernity in the 1920s.

Since I entered Serzo's universe, I have been fascinated by his narrative ability, his facet as a literary painter, which he does not particularly cultivate (and which he would even deny... against all evidence), but which is actually second nature to him.

My 2024 text for the catalogue of his exhibition at Caja Burgos is entitled 'El Gran Teatro de José Luis Serzo'. Literary and theatrical—I was always fascinated by the fact that his life as an artist began in a cinema, the Cine Rex in Casas Ibáñez (Albacete), his hometown. His mother ran the theatre company there, and he helped her paint the sets. 'My childhood,' he once said in an interview, 'was spent backstage among the scenery.'

He has emphatically revisited those beginnings in La Mancha in recent years. And that is when he realised that, intuitively, here in Madrid, at the Fine Arts School, his point of departure was similar to that of his fellow countryman Benjamín Palencia and Alberto from Toledo, Palencia's great accomplice. This was the origin of his authentic obsession in recent years with both of them, as well as with Maruja Mallo and other protagonists of the Vallecas adventure.

Serzo is obviously not just about La Mancha. He has also embarked on Stevensonian and Tintin esque stories of pirates, a beautiful fiction about a naturalist in Venezuela, and American plots that flit between Hopper and film noir. This year, in his latest solo exhibition

norteamericanas entre Hopper y el cine negro. Este mismo año, en su última individual madrileña en el nuevo espacio de Álvaro Alcázar, una de esas «exposiciones-relato» (el recordado Eugenio Castro *dixit*) de las que tiene la especialidad, nos sorprendió con un diálogo entre José Gutiérrez Solana y James Ensor, diálogo cuyo centro era una mesa de banquete, una instalación muy a lo Kienholz. Diálogo que lo primero que nos recuerda es aquello que a veces se ha dicho de que, si Solana fuera belga como Ensor, sería internacionalmente tan conocido como el de Ostende. Diálogo en el que los intervinientes en una mesa redonda Solana-Ensor nos convertimos en comensales de tan singular banquete.

La reciente propuesta de Serzo de fundar una «Tercera Escuela de Vallecas», que tensa la exposición para cuyo catálogo escribo estas líneas —exposición en la que su obra dialoga con la de Palencia—, es una de las más sugerentes que he escuchado últimamente. Podría divagar durante varias páginas sobre si existieron las dos primeras escuelas. Serzo y yo hemos discutido a menudo sobre esto. Es verdad que, siguiendo a los propios Palencia y Alberto, muchos han hablado de una Escuela de Vallecas como tal en la preguerra. Sin embargo, el término no lo utilizó entonces nadie y no sale en textos críticos de la época (pienso en Manuel Abril, Enrique Azcoaga, Juan de la Encina, Gil Fillol, Enrique Lafuente Ferrari, José María Marañón, Guillermo de Torre o Eduardo Westerdahl, además de en el Torres-García de *Historia de mi vida*), sino que lo lanzan Alberto, en sus recuerdos ya desde Moscú, y Palencia, a su modo, con su Convivio, respecto del cual no voy a entrar ahora en el jardín de contraponer las ácidas declaraciones de Álvaro Delgado en el libro de Raúl Chávarri a las en cambio panegíricas de Luis García-Ochoa en su discurso de ingreso en San Fernando.

Mi descubrimiento de la aventura vallecana tuvo lugar en Sevilla en 1971 a través de la retrospectiva de Alberto organizada por la Dirección General de Bellas Artes, que, tras verse en Madrid, pudo contemplarse en la iglesia hispalense de San Hermenegildo, entonces sede provisional del Museo de Arte Contemporáneo, y la entrevista que para *El Correo de Andalucía* le hice por ese motivo a Fernando Tudela, arquitecto comunista muy cercano a su colega y correligionario Enrique Segarra, futuro exiliado en México. Tudela me habló de sus visitas a Vallecas con este, pero fue también aquel día cuando oí hablar por vez primera de José Herrera Petere, poeta de Guadalajara (en cuyo archivo municipal hay un gran fondo documental suyo) muy cercano al inolvidable Juan Manuel Díaz-Caneja (la biblioteca de este, que está en su benemérita fundación palentina, sí que la tengo mentalmente escaneada), y de Acario Cotapos, compositor chileno de origen y apellido griegos. Petere,

in Madrid at Álvaro Alcázar's new space, one of those "story exhibitions" (as Eugenio Castro put it) in which he specialises, he surprised us with a dialogue between José Gutiérrez Solana and James Ensor, centred around a banquet table, a very Kienholz-esque installation. The first thing this dialogue reminds us of is the idea that, as has been said on occasion, if Solana were Belgian like Ensor, he would be as internationally renowned as the artist from Ostend. A dialogue in which the participants in a Solana-Ensor round table become diners at such a unique banquet.

Serzo's recent proposal to found a 'Third School of Vallecas', which is the focus of the exhibition for whose catalogue I am writing these lines, in which his work dialogues with that of Palencia, is one of the most thought-provoking I have heard lately. I could ramble on for several pages about whether the first two schools existed. Serzo and I have often discussed this. It is true that, following Palencia and Alberto themselves, many have spoken of a Vallecas School as such in the pre-war period. However, the term was not used by anyone at the time, it does not appear in critical texts of the period (I am thinking of Manuel Abril, Enrique Azcoaga, Juan de la Encina, Gil Fillol, Enrique Lafuente Ferrari, José María Marañón, Guillermo de Torre and Eduardo Westerdahl, as well as in Torres-García's *Historia de mi vida*), but was coined by Alberto in his memoirs from Moscow. And Palencia, in his own way, with his Convivio, regarding which I am not going to enter now into the ring by contrasting Álvaro Delgado's acid statements in Raúl Chávarri's book with Luis García Ochoa's panegyric speech on his admission to the Academia de San Fernando.

My own discovery of the Vallecas adventure took place in Seville in 1971, via the Alberto retrospective organised by the Dirección General de Bellas Artes, which, after being shown in Madrid, could be seen in the church of San Hermenegildo, then the provisional headquarters of the Museum of Contemporary Art, and the interview I did for *El Correo de Andalucía* with Fernando Tudela, a communist architect closely connected to his colleague and fellow party member Enrique Segarra, who would later go into exile in Mexico. Tudela told me about his visits to Vallecas with Segarra, but it was also on that day that I first heard of José Herrera Petere, a poet from Guadalajara (whose municipal archive has a large collection of his documents), who was very close to the unforgettable Juan Manuel Díaz-Caneja (whose library, located in his distinguished foundation in Palencia, I have mentally scanned). And of Acario Cotapos, a Chilean composer of Greek origin and surname. Petere, Cotapos, two sonorous surnames (the first, in fact, a nickname), which remained

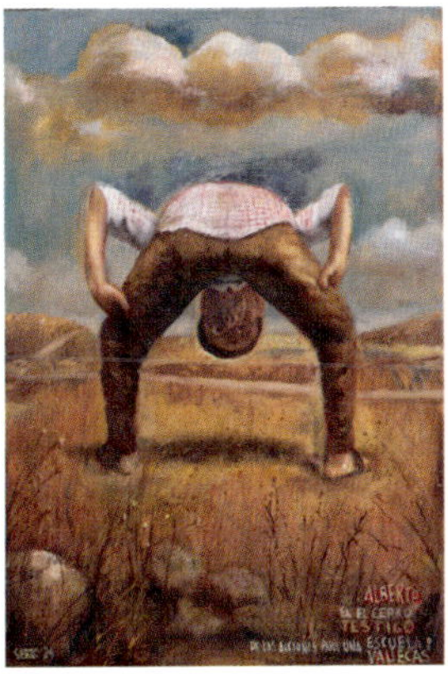

José Luis Serzo, *Alberto en el Cerro Testigo*, 2024, óleo sobre tela, 38 × 56 cm
José Luis Serzo, *Alberto en el Cerro Testigo*, 2024, oil on canvas, 38 × 56 cm

Cotapos, dos apellidos sonoros (el primero, en realidad, apodo) que se me quedaron grabados para siempre.

Magistral, aquí, Serzo homenajeando a Alberto en *Alberto en el Cerro Testigo* (2024). En 1930 el escultor se autorretrató en un dibujo de estirpe barradiana que le dedicó a Palencia. En el Museo de Albacete está su portentosa efigie por este último, de 1931, que hay que poner al lado de un papel anejo, del mismo año, de gestualidad cercana a la de Miró, y que pertenece al Reina Sofía. Magnífica la ocurrencia serziana de calificar a los dos vallecanos fundadores y a Maruja Mallo —y a un burro que pasaba por ahí— de accionistas, retomando el término forjado por Arnulf Rainer y sus camaradas en la Viena de finales de los cincuenta y comienzos de los sesenta, donde les bendecía monseñor Otto Mauer. En su retrato de los tres, se inspira muy literalmente en un ágil y divertido dibujo lineal, sinuoso y danzante de Palencia, aquí presente: *Mirando el paisaje*, de 1932. Accionista: el propio Serzo merece ese calificativo. También de ese año es un cuadro magnífico de Palencia que aquí se enseña y es muy conocido: *El paisaje de la luna*.

Maruja Mallo: me encanta la cabecita suya que presenta aquí Serzo, inspirada en uno de sus retratos fotográficos más cándidos... y menos teatrales. (Los teatrales son los de Cercedilla, mucho más conocidos.) De lo primero que me acuerdo, ante esta efigie, es de lo que ella me contó en la entrevista que en 1977 le hice para *El País*: que Alberto le espetó un día que en realidad a ella la veía mucho más del Mont Blanc que de Vallecas. En otra entrevista del mismo año con la de Viveiro —televisiva esta, para el programa *Trazos*, de la

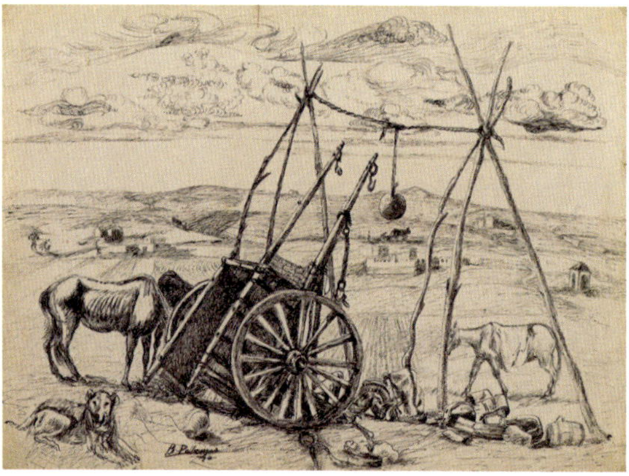

Benjamín Palencia, *Carro y mulas*, 1940, tinta sobre papel, 55 × 76 cm
Benjamín Palencia, *Carro y mulas*, 1940, ink on paper, 55 × 76 cm

engraved in my memory forever. Here, Serzo pays a masterful tribute to Alberto in *Alberto en el Cerro Testigo* (2024). In 1930, the sculptor portrayed himself in a drawing in the style of Barrada, which he dedicated to Palencia. The Albacete Museum houses his portentous effigy of the latter, from 1931, which should be placed alongside an accompanying drawing, from the same year, with a style similar to that of Miró, which belongs to the Reina Sofía Museum. Serzo's idea of describing the two founders from Vallecas, Maruja Mallo, and a donkey that happened to be passing by as shareholders is magnificent, reviving the term coined by Arnulf Rainer and his comrades in Vienna in the late 1950s and early 1960s, where they were blessed by Monsignor Otto Mauer. In his portrait of the three, he is very literally inspired by a lively and amusing linear, sinuous and dancing drawing by Palencia, *Mirando el paisaje*, which is also present here, and which dates from 1932. Shareholder: Serzo himself deserves that description. Also from that year is a magnificent painting by Palencia, shown here, and very well known, *El paisaje de la luna*.

Maruja Mallo: I love her little head which Serzo presents here, inspired by one of her most candid... and least theatrical photographic portraits. (The theatrical ones are those of Cercedilla, which are much better known). The first thing I remember, before this effigy, is what she told me in the interview I did with her in 1977 for *El País*: that Alberto once blurted out that he actually saw her as more of Mont Blanc than of Vallecas. In another interview that same year with de Vivero, this one on television, for the programme *Trazos* by the late Paloma Chamorro, the most striking thing was something not recorded on tape, but which I heard on off camara just before the programme started, from someone in the audience: 'She must

recordada Paloma Chamorro—, lo más rotundo fue algo no recogido en la cinta, pero que escuché al vuelo justo antes de empezar, por parte de alguien del público: «Debe de ser la Pasionaria» (estábamos en plena Transición, en el momento del retorno de los exiliados y de la llegada del *Guernica*).

Con Maruja, hablar, lo que se dice hablar, era difícil, porque, ya fuera en directo, ya fuera telefónicamente (sus legendarias llamadas eran temibles), había que escuchar. Recitaba una cantinela como aprendida de memoria. (Pasaba un poco lo mismo con Ernesto Giménez Caballero, uno de sus examigos, que, por cierto, justo antes de su viraje fascista, también participó del vallecanismo: hay un hilo que une su *Yo, inspector de alcantarillas* con las *Cloacas y campanarios* de la pintora, y hay que recordar además su cartel literario de 1927, hoy en el Reina Sofía, de los tres vanguardistas manchegos, Gabriel García Maroto, Palencia y Gregorio Prieto.) Volviendo a Maruja Mallo: por momentos, sin embargo, aquella cantilena impresionaba. Especialmente, todo lo relativo a Miguel Hernández, al carro de paja, al último Primero de Mayo de la posguerra. También la conexión Neruda: de las tiendas de esparto entre la Plaza Mayor y el Rastro en el Pacífico chileno.

Siempre me intrigó Pancho Lasso. No tuve reflejos el día en que, en el Reina Sofía (no recuerdo en qué momento ni en qué contexto, solo que era mucho antes de mi nombramiento como director), el poeta y crítico de arte Venancio Sánchez Marín, que tanto lo conoció (entre otras cosas, del PCE), se me puso a hablar del lanzaroteño. Tendría que haber profundizado en esa conversación.

Otra persona que hubiera podido contar muchas cosas vallecanas era otro poeta y crítico de arte, el antes mencionado Enrique Azcoaga, que prologó el catálogo de la segunda individual de Maruja Mallo (la celebrada en 1936 en el Centro de Estudios de la Construcción de la Carrera de San Jerónimo, cuyo responsable era precisamente... Segarra), y que en 1977 escribiría una monografía ministerial sobre Alberto y más tarde le vendería a Eugenio Fernández Granell un gran Rodríguez Luna vallecano. Pero en ese caso no hubo nunca forma de que, ni a mí ni a otros que lo intentamos, nos hablara el crítico de ese «mundo de ayer»: una vida demasiado complicada (por la Guerra Civil) y enrevesada, unos rencores, unas desconfianzas, un no querer reconocerles nada ni deberles nada a los jovencitos que le buscábamos, que, por ejemplo, le preguntábamos si realmente había recibido de Fernando Pessoa el *Mensagem* que Teixeira de Pascoaes le había pedido a su colega que enviara al español...

be La Pasionaria'. (We were in the midst of the Transition, at the time of the return of the exiles and the arrival of *Guernica*).

Talking to Maruja, in the true sense of the word, was difficult, because whether in person or on the phone (her legendary calls were fearsome), you had to listen. She recited her spiel as if she had learned it by heart. (The same was true of Ernesto Giménez Caballero, one of her former friends, who, incidentally, just before his fascist turn, also participated in Vallecanismo: there is a thread that links his role as *Yo, inspector de alcantarillas* (Inspector of sewers) with *Cloacas y campanarios* (Sewers and Bell Towers) by the painter, and we must also remember his 1927 literary poster, now in the Reina Sofía Museum, of the three avant-garde artists from La Mancha, Gabriel García Maroto, Palencia, and Gregorio Prieto). Returning to Maruja Mallo: at times, however, that harangue was impressive. Especially everything related to Miguel Hernández, the straw cart, the last May Day of the post-war period. Also the Neruda connection, the esparto shops between Plaza Mayor and Rastro, and the Chilean Pacific.

I was always intrigued by Pancho Lasso. I didn't pick up on it on the day when, at the Reina Sofía, (I don't remember when or in what context—only that it was long before my appointment as director), the poet and art critic Venancio Sánchez Marín, who knew him so well (among other things, from the PCE), started talking to me about the Canary islander from Lanzarote. I should have delved deeper into that conversation.

Another person who could have told me many things about Vallecas was another poet and art critic, the aforementioned Enrique Azcoaga, who wrote the prologue to the catalogue of Maruja Mallo's second solo exhibition, held in 1936 at the Centro de Estudios de la Construcción on Carrera de San Jerónimo, which was run by none other than Segarra, who in 1977 would write a monograph on Alberto, and who would later sell Eugenio Fernández Granell a large Rodríguez Luna painting of Vallecas. But in that case, neither I nor others who tried, ever managed to get the critic to talk about that 'world of yesterday'. His life was too complicated (due to the Spanish Civil War) and convoluted, plagued by grudges, mistrust, a refusal to acknowledge anything or owe anything to the young people who sought him out, who, for example, asked him if he had really received from Fernando Pessoa the *Mensagem* that Teixeira de Pascoaes had asked his colleague to send to the Spaniard...

Telegraph poles, ravines, little houses like those in Snow White's fairy tale—the landscapes of Vallecas are the subject of Serzo's poetic recreation.

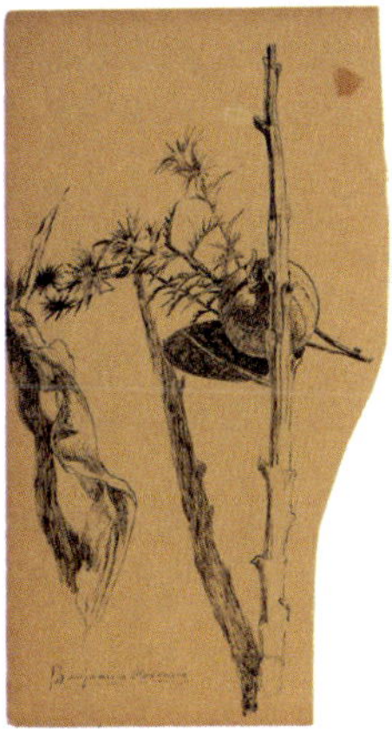

Benjamín Palencia, *Fruto y cardos*, c. 1950, tinta sobre papel, 30,5 × 16,5 cm
Benjamín Palencia, *Fruto y cardos*, c. 1950, ink on paper, 30.5 × 16.5 cm

Postes telegráficos, barrancos, casitas como de cuento de Blancanieves: los parajes vallecanos son objeto, por parte de Serzo, de una recreación poética de largo aliento.

Cardos, cañas, huesos, piedras amontonadas, raíces, cornamentas: todos esos materiales, que son los principales protagonistas del arte de los vallecanos a comienzos de los treinta, que comparecen en los sensacionales textos hermanos de Alberto («Palabras de un escultor», de 1932, en el número 2 de *Arte*, la revista de la SAI) y de Palencia (su autoprólogo a la monografía que ese mismo año le dedicó la editorial Plutarco) y que reencontramos en obras de posguerra de ambos (ver, aquí, de Palencia, el papel de circa 1950 titulado *Fruto y cardos*), reaparecen ahora en las obras que van saliendo de las manos de Serzo. Paisano del segundo, es asombrosa la capacidad de sintonía que tiene con todo esto, por encima de casi un siglo de historia del arte y de historia de España a secas. Ya una escultura suya tan rara como *Delirio real* (2015) la leí en su día en clave neovallecana, y ya por aquel entonces él soñaba con trabajar a fondo esta temática, y yo, con acompañarlo, como ahora finalmente hago.

Asombroso, también, que —como antes que él Jaime Brihuega en compañía del fotógrafo Enrique de Castro (que fallecería en 2023)— el intrépido Serzo haya rehecho la excursión vallecana, la haya fotografiado y filmado en vídeo (algo de esa documentación se verá ahora en la muestra para cuyo catálogo escribo estas líneas bajo un sol de justicia parecido al que reina, por cierto, en las instantáneas de esos parajes tomadas por él), haya incluso dado con lo que llama

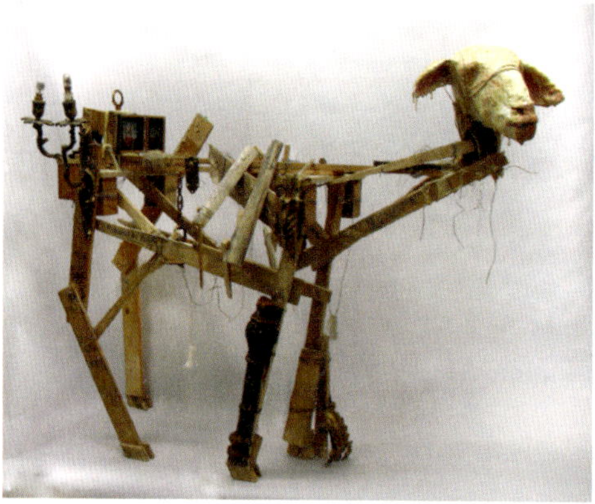

José Luis Serzo, Delirio real, 2016, técnica mixta, 130 × 96 × 56 cm
José Luis Serzo, *Delirio real*, 2016, mixed media, 130 × 96 × 56 cm

Thistles, reeds, bones, piles of stones, roots, horns—all these materials were the main protagonists of the art of the Vallecas artists in the early 1930s, appearing in the sensational twin texts of Alberto ('Words of a Sculptor,' in 1932, in issue 2 of *Arte*, the SAI magazine) and Palencia (his self-prologue to the monograph dedicated to him that same year by the Plutarco publishing house), and which we find again in the post-war works of both (see, here, Palencia's drawing circa 1950 entitled *Fruto y cardos*), reappear now in the works coming out of Serzo's studio. A fellow countryman of Palencia, his ability to connect with all this, spanning almost a century of art history and Spanish history alone, is astonishing. I once interpreted one of his sculptures, *Delirio real* (2015), as neo-Vallecano, and even then he was already dreaming of working in depth on this theme, and I dreamed of accompanying him, as I am finally doing now.

It is also amazing that, like Jaime Brihuega before him, together with photographer Enrique de Castro (who died in 2023), the intrepid Serzo has retraced the Vallecas excursion, photographed it and filmed it on video (some of this documentation will now be seen in the exhibition for whose catalogue I am writing these lines, under a blazing sun similar to the one that reigns in the snapshots of those places taken by him). He even found what he calls 'a false cerro testigo', and finished off the operation with the creation, in situ, of sculptures made from logs and roots, which have a certain arte povera feel to them, and which above all take us back to Alberto and Lasso, as well as to the natural objects found (and slightly manipulated) that, in the post-war period, at some 10,000 kilometres distance, were constructed by Àngel Ferrant on the beach of Fiobre in

«un cerro testigo falso» y haya rematado la operación con la creación, *in situ*, de esculturas hechas con troncos y raíces que tienen un cierto aire de *arte povera* y que, sobre todo, nos llevan hacia Alberto y Lasso, así como a los objetos naturales encontrados (y levemente manipulados) que en la posguerra, separados por aproximadamente 10 000 kilómetros de distancia, construyeron Ángel Ferrant en la playa coruñesa de Fiobre y Manuel Ángeles Ortiz (que en 1933 había coincidido con varios de los vallecanos en el Grupo de Arte Constructivo liderado por Torres-García, al que volvería a ver en Montevideo) junto al lago argentino Nahuel Huapi. Por ese lado del *objet trouvé*, va aquí la caja de Serzo que contiene lo que él designa como un *Cardo sagrado del cerro testigo*, cardo sagrado que reaparecerá en un papel y un lienzo.

Todo esto —esas excursiones, esas fotos, esas filmaciones— alimenta los dibujos, las esculturas y las pinturas de Serzo: por ejemplo, *Equilibrio precario en el cerro testigo*, cuyo protagonista es una construcción arbórea que sobrevuela los cerros vallecanos (con alguno de los extraños artefactos voladores que ya conocemos de momentos anteriores de su obra, uno de los cuales constituye una de las más maravillosas sorpresas de *Archimétrica*: aquel «biciclorama», como lo llama su inventor, en que la protagonista sobrevuela la Mancha).

En su búsqueda de cuantos rincones de nuestro pasado puedan servirle en la configuración de un proyecto estético resueltamente basado en mirar por el retrovisor, aquí propone Serzo una acuarela inesperadamente titulada *El Greco de Vallecas*. No es la primera vez que invoca al pintor cretense pasado por Venecia, y cabe recordar en ese sentido que este constituía el pretexto de partida de su muestra de 2015 en el mencionado CEART. Ante la sorpresiva acuarela en cuestión, cabe recordar que en la colección del Reina Sofía hay una vista de Toledo por Palencia que data de 1943 y que procede de los fondos de las pinacotecas de arte moderno que le precedieron. Un cuadro que circa 1967 me impactó grandemente en mi primera visita al museo, entonces en los bajos de la Biblioteca Nacional (luego vendría la etapa del MEAC) y tan lleno de carencias, pero también con algunas sorpresas maravillosas: lo fueron también el Gregorio Prieto de *Taormina* o el relieve matérico de Torner (qué curioso, por cierto, tantos *highlights* manchegos), aunque en aquella primera visita también me sedujeron un cuadro en grises de Constantino Grandío de un perro hecho un ovillo o la mujer en azul de Picasso, y los tres cuadros del malagueño comprados por Luis González Robles para la Exposición Universal de Nueva York. Un cuadro —aquella vista toledana de aquella posguerra civil con

A Coruña, and by Manuel Ángeles Ortiz (who in 1933 had coincided with several of the Vallecas artists in the Constructivist Art Group led by Torres-García, who he would meet again in Montevideo) next to Lake Nahuel Huapi in Argentina. On that *objet trouvé* side, here is Serzo's box containing what he designates as a *Cardo sagrado del Cerro Testigo*. A sacred thistle that will reappear on paper and canvas.

All of this, these excursions, these photos, these films, feed into Serzo's drawings, sculptures and paintings, for example *Equilibrio precario en el Cerro Testigo* (Precarious Balance on Cerro Testigo), whose protagonist is a tree-like construction flying over the hills of Vallecas, with something of the strange flying artefacts we already know from earlier moments in his work, and one of which is one of the most wonderful surprises in *Archimétrica*: that 'bi-ciclorama', as its inventor calls it, in which the heroine flies over La Mancha.

In his search for aspects of our past that can be used to shape an aesthetic project decidedly based on looking in the rear-view mirror, Serzo presents a watercolour unexpectedly titled El Greco de Vallecas. This is not the first time he has invoked the Cretan painter, and it is worth remembering that this was the starting point for his 2015 exhibition at the aforementioned CEART. In view of the surprising watercolour in question, it is worth remembering that the Reina Sofía collection includes a view of Toledo by Palencia, dating from 1943, which comes from the collections of the modern art galleries that preceded it. A painting that, around 1967, made a great impression on me during my first visit to the museum, then located on the ground floor of the Biblioteca Nacional (and it was later to become the MEAC), so full of shortcomings, but also with some wonderful surprises (such as Gregorio Prieto's painting of *Taormina* or Torner's material relief; how curious, indeed, that there were so many highlights from La Mancha, although on that first visit I was also seduced by a painting in greys by Constantino Grandío of a dog curled up in a ball, or Picasso's woman in blue, and the three paintings by the Málaga artist purchased by Luis González Robles for the World's Fair in New York. That painting, that view of Toledo in the post-war period with its imperial pretensions (see Luis Gutiérrez Soto's Ministry of Air headquarters), still strikes me as very good, because it reveals an ambition to engage in dialogue on equal terms with El Greco's view of Toledo in the Metropolitan Museum. Though I will add that I am obviously more interested in the nocturnal allegory of Toledo from 1930, also in the Reina Sofía Museum, which is from the very first Vallecas period.

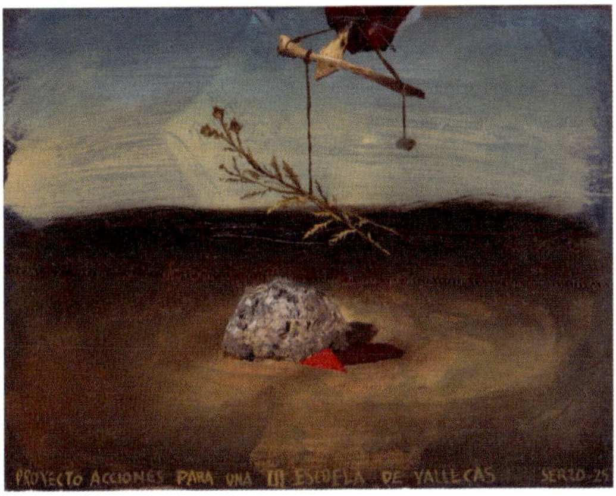

José Luis Serzo, *Equilibrio precario en el Cerro Testigo*, 2025, óleo sobre papel sobre tabla, 21,5 × 28,7 cm
José Luis Serzo, *Equilibrio precario en el Cerro Testigo*, 2025, oil on paper on wood, 21.5 × 28.7 cm

pretensiones imperiales (ver el Ministerio del Aire de Luis Gutiérrez Soto)— que me sigue pareciendo muy bueno, porque revela ambición de diálogo de tú a tú con la vista de Toledo del Greco del Metropolitan. A pesar de ello, añadiré que, evidentemente, me interesa más la alegoría nocturna de Toledo —también en el Reina Sofía— de 1930, es decir, del primerísimo periodo vallecano.

Al mismo periodo que esa vista toledana de 1943 pertenecen varios preciosos papeles del Palencia del Convivio —algunos de ellos ahora presentes en esta muestra—: papeles de muchachas o muchachos vallecanos que está muy bien que hayan sido seleccionados para esta muestra por Serzo, de común acuerdo con Ramón Palencia y, por supuesto, con Marc Domènech. Papeles que inspiran algunas obras del benjamín (valga el involuntario chiste), al que le gusta el popularismo de ese segundo Palencia, así como papeles de cerros pintados entonces y de clima especialmente telúrico también seleccionados y, cómo no, el guiño cervantino que representa, a la altura de 1946, la asimismo aquí presente *Calavera de Rocinante*, a propósito de la cual evocaré los decorados, tan vallecanos, que Maruja Mallo preparó para el estreno, previsto para septiembre de 1936 y truncado por el estallido de la contienda, del *Clavileño* de Rodolfo Halffter.

Pese al escepticismo que he manifestado siempre respecto de la supuesta existencia de la Primera Escuela de Vallecas, que tengo claro que es un constructo posterior, entiendo perfectamente (¡libertad de cultos!) que haya otros puntos de vista. Y, sobre todo, con primera escuela o sin ella, entiendo que tiene todo el interés

Several beautiful drawings by the 'Convivio' Palencia belong to the same period as that view of Toledo from 1943, some of which are now on display in this exhibition. Sketches of girls and boys from Vallecas, which Serzo has judiciously selected for this exhibition, in agreement with Ramón Palencia and, of course, Marc Domènech. These drawings inspired some of the works of Serzo, the youngest member of the group, who is drawn to the populism of that second Palencia, as well as the drawings of hills painted at that time and with a particularly earthy feel, which have also been selected. And, of course, the nod to Cervantes represented in 1946 by the *Calavera de Rocinante*, also present here, in relation to which I will evoke the set designs, so typical of Vallecas, that Maruja Mallo prepared for the premiere of Rodolfo Halffter's *Clavileño*, scheduled for September 1936 and cut short by the outbreak of the war.

Despite the scepticism I have always expressed regarding the supposed existence of the First School of Vallecas, which I am convinced is a later construct, I fully understand (freedom of worship!) that there are other points of view. And above all, with or without the first school, I think it is very interesting that a contemporary artist has chosen as mirrors in which to look at himself the proposals that began to be formulated around 1930 by Alberto, Palencia and Pancho Lasso, the first three explorers of the suburbs, the outskirts, the Vallecas district, who were later joined by Luis Castellanos, Juan Manuel Díaz-Caneja, Eduardo Díaz Yepes, Maruja Mallo, Antonio Rodríguez Luna, and poets such as Miguel Hernández, José Herrera Petere, Luis Felipe Vivanco and the Argentine Raúl González Tuñón.

A Serzian title is repeated, like a litany and a lament: *¿Dónde estás, Alberto?* (Where are you, Alberto?) One of the works labelled in this way depicts a partridge, a bird common to Alberto and Palencia, and a bird that remains an icon in Albacete: we have all bought one of those miniature caged partridges that are, or were, sold in the station. Another work from the same cycle is a sculpture reminiscent of some of those by the Toledo artist, but also of the works I referred to earlier by Ferrant and Ángeles Ortiz from the post-war period. Another one: a stone on which Serzo has depicted the unmistakable gaunt face and glasses of the Toledo artist. It is clear that this 'Where are you, Alberto?' alludes to the dramatic distance, first mental, then political, and finally physical (Madrid-Moscow: some 3,500 kilometres), which ended up separating the two founding fathers. The sculptor, a communist, lived through the Spanish Civil War as a militant, and in 1937 he erected his totem in the Paris Exhibition, which I have always regarded as the 'guardian' of the *Guernica*. He then left for the USSR, never to return. The painter

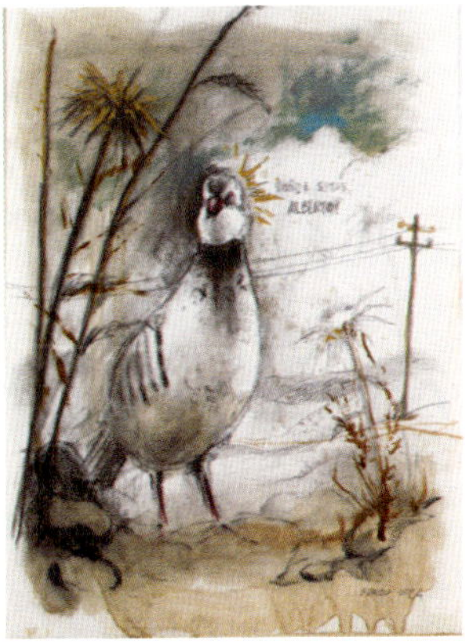

José Luis Serzo, *¿Dónde estás, Alberto?*, 2024, óleo, carbón y lápiz sobre papel, 29 × 21 cm
José Luis Serzo, *¿Dónde estás, Alberto?*, 2024, oil, charcoal and pencil on paper, 29 × 21 cm

del mundo que un artista contemporáneo haya elegido como espejos en los que mirarse las propuestas que empezaron a formular, circa 1930, Alberto, Palencia y Pancho Lasso, los tres primeros expedicionarios al extrarradio, al arrabal, al alfoz vallecano, a los que luego irían sumándose Luis Castellanos, Juan Manuel Díaz-Caneja, Eduardo Díaz Yepes, Maruja Mallo, Antonio Rodríguez Luna y poetas como Miguel Hernández, José Herrera Petere, Luis Felipe Vivanco o el argentino Raúl González Tuñón.

Un título serziano se repite, a modo de letanía y lamento: *¿Dónde estás, Alberto?* Uno de los papeles así etiquetado representa a una perdiz, ave común a Alberto y a Palencia y ave que en Albacete sigue siendo un icono: todos hemos comprado alguna vez una de esas perdices en miniatura, enjauladas, que venden o vendían en su estación. Otra obra del mismo ciclo es una escultura que recuerda alguna del toledano, pero también las antes aludidas del Ferrant y el Ángeles Ortiz de la posguerra. Otra más: una piedra sobre la cual Serzo ha representado el inconfundible rostro enjuto y con gafas del toledano. Está claro que ese *¿Dónde estás, Alberto?* alude a la dramática distancia, primero mental, luego política y finalmente física (Madrid-Moscú: unos 3500 kilómetros), que terminó separando a los dos padres fundadores. El escultor, comunista, vivió la Guerra Civil en clave militante, y en 1937 erigió su tótem parisiense, que siempre he contemplado como el «vigilante» del *Guernica*. Luego marchó a la URSS, para no volver nunca. El pintor pasó la contienda en Madrid, emboscado. En la posguerra recibiría honores oficiales, y su Convivio, pronto sacralizado como Escuela de Vallecas (aparte de él, de los de la preguerra solo figurará el singular Castellanos),

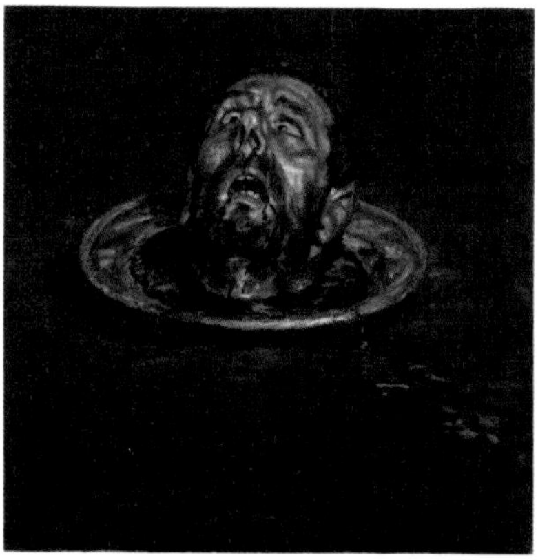

Benjamín Palencia, *Cabeza de un mártir*, c. 1916, óleo sobre tela, 50 × 50 cm
Benjamín Palencia, *Cabeza de un mártir*, c. 1916, oil on canvas, 50 × 50 cm

spent the war in Madrid, in hiding. In the post-war period, he received official honours, and his Convivio, soon sanctified as the Vallecas School (apart from him, the only other pre-war figure to feature was the singular Castellanos), would be the hard core of what the Falangist poet and art critic Manuel Sánchez Camargo would christen, in emulation of Paris group, the "Escuela de Madrid".

Curiously, the piece that I find most Serzian of all those works by Palencia that are now going to dialogue with those by our neo-Vallecan artist is the oldest of them all, that gruesome *Cabeza de un mártir* (Head of a Martyr, circa 1916), which has something of El Greco about it, but even more so, something of Solana, which links it to Serzo's aforementioned fondness for the Cantabrian, an unrivalled singer (with his brushes, but also with his words) of *La España negra*, who explicitly followed in the footsteps of Darío de Regoyos (through whom he had become acquainted with Ensor's work) and Émile Verhaeren. (The book by Regoyos on the great Belgian symbolist poet incidentally appeared in Barcelona in 1899, after having been published in instalments in the Catalan Art Nouveau magazine *Luz*, also based in Barcelona).

So here's to the Third School of Vallecas, then, dear José Luis, a native of Albacete like Palencia (and, like José Luis Cuerda, how delightful it was for Monika and me to stumble upon—quite by chance during a recent visit to Albacete—the monument that the city has dedicated to the memory of its unforgettable filmmaker, a work of yours that we had already admired in photographs!), and may you find partners for your adventure, that is, your Alberto, your Caneja,

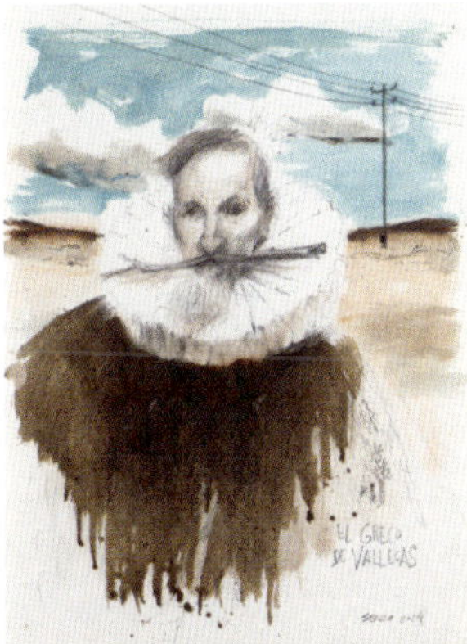

José Luis Serzo, *El Greco de Vallecas*, 2024, óleo y lápiz sobre papel, 29 × 21 cm
José Luis Serzo, *El Greco de Vallecas*, 2024, oil and pencil on paper, 29 × 21 cm

sería el núcleo duro de lo que el poeta y crítico de arte falangista Manuel Sánchez Camargo bautizaría, por emular el caso parisiense, como Escuela de Madrid.

Curiosamente, la pieza que encuentro más serziana de cuantas de Palencia van a dialogar ahora con las de nuestro neovallecano es la más antigua de todas, esa truculenta *Cabeza de un mártir* (circa 1916), que tiene algo de El Greco, pero todavía más algo de solanesca, lo que liga con la ya mencionada querencia de Serzo por el cántabro, inmejorable cantor (con los pinceles, pero también con la palabra) de *La España negra*, que inscribió explícitamente sus pasos en la estela de los de Darío de Regoyos (a través del cual había conocido la obra ensoriana) y Émile Verhaeren (libro, el de Regoyos y el gran poeta simbolista belga, que por cierto apareció en la Barcelona de 1899, después de haberse publicado antes por entregas en la revista modernista, también barcelonesa, *Luz*).

Larga vida, pues, querido José Luis —albaceteño como Palencia (y como José Luis Cuerda: ¡qué grato fue para Monika y para mí toparnos sin buscarlo, en una reciente visita a Albacete, con el monumento que la ciudad ha dedicado a la memoria de su inolvidable cineasta, obra precisamente tuya, que ya conocíamos por fotos!)—, a la Tercera Escuela de Vallecas, y que encuentres a socios para tu aventura, esto es, a tu Alberto, tu Caneja, tu Díaz Yepes, tu González Tuñón, tu Miguel Hernández, tu Herrera Petere, tu Lasso, tu Maruja Mallo, tu Rodríguez Luna, tu Vivanco... Portentoso, tu *Autorretrato como artista vallecano*, con las efigies de algunos de tus faros colgadas de tu abrigo. Gracias, querido Ramón, por contribuir

your Díaz Yepes, your González Tuñón, your Miguel Hernández, your Herrera Petere, your Lasso, your Maruja Mallo, your Rodríguez Luna, your Vivanco... Your *Autorretrato como artista vallecano* is magnificent, with the effigies of some of your guiding lights hanging from your coat. Thank you, dear Ramón, for contributing decisively to this exhibition: I will always remember my visit with you, some twenty-odd years ago, to your uncle's apartment in Chamberí, where his library and archive were preserved in the shadows. And thank you, dear Marc, for turning your wonderful gallery, so specialised in historical avant-garde art, into the setting for this story.

decisivamente a esta muestra: siempre recordaré mi visita contigo, hace veintitantos años, al apartamento chamberilero que fuera el de tu tío, en cuya penumbra se conservaban su biblioteca y archivo. Y gracias, querido Marc, por convertir tu maravillosa galería, tan especializada en las vanguardias históricas, en escenario de esta historia.

NOTAS A VUELAPLUMA PARA UN PRELUDIO VALLECANO

OFF THE CUFF NOTES FOR A PRELUDE TO VALLECAS

JOSÉ LUIS SERZO

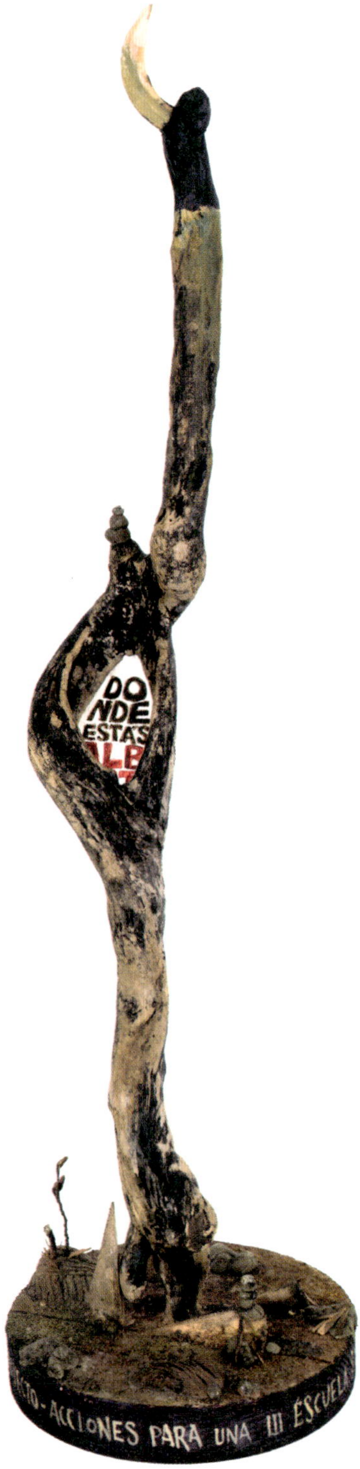
DO
NDE
ESTÁS
ACCIONES PARA UNA III

Notas a vuelapluma para un preludio vallecano

Esta serie de trabajos, titulada *Preludio para una III Escuela de Vallecas*, es, entre otras muchas cosas, una suerte de cuenta pendiente que arrastro desde mis inicios.

Para un artista manchego como yo (de Casas Ibáñez, la Manchuela, para ser más exactos), la figura de Benjamín Palencia supone, desde mis orígenes, una referencia casi inesquivable, pero, al mismo tiempo, algo difusa. Esto es, se presenta a menudo en mis recuerdos como telón de fondo en sitios y situaciones cotidianas de lo más dispares, pero difíciles de determinar.

Las reproducciones de sus cuadros «fauvistas» o expresionistas —las que supongo que todo el mundo conoce y que son de su última y más popular etapa— se encontraban reproducidas en calendarios y láminas de todo tipo: decorando cualquier hotel de la comarca, acompañadas por alguna ristra de ajos en la cocinilla de la casa de algún amigo, en la sala de espera de la notaría, o incluso en algún bar de pueblo donde los lugareños iban a tomarse el carajillo.

Creí que era tan solo un fenómeno local, pero, cuando salí «al mundo» con 16 años, no tardé en darme cuenta de la influencia que la obra de mi paisano Benjamín Palencia ejercía —y sigue ejerciendo— sobre la pintura de paisaje en este país.

Estaremos de acuerdo en que su trabajo trascendió más allá de las dos (poco) conocidas como escuelas o experiencias vallecanas, de las que fue fundador junto con Alberto Sánchez.

Incluso así, la posterior Escuela de Madrid, a través de su mentor, Sánchez Camargo, lo reconoció como uno de sus principales referentes.

Por tanto, es más que lógico que en la Mancha —su tierra— podamos encontrar pintores que siguen, consciente o inconscientemente, alguna de sus estelas (ya que desarrolló muchos estilos), aunque la que más se deja ver sea la de ese paisajismo exacerbado en colores, de corte expresionista.

Off the cuff notes for a prelude to Vallecas

This series of works entitled *Prelude to a Third School of Vallecas* is, among many other things, a kind of unfinished business that I have been carrying with me since my beginnings.

For an artist from La Mancha like myself (from Casas Ibáñez, in 'la Manchuela', to be more precise), the figure of Benjamín Palencia has been, since my origins, an almost unavoidable reference, but at the same time somewhat diffuse. He often appears in my memories as a backdrop to the most disparate everyday places and situations, in a rather indeterminate way.

Reproductions of his Fauvist or Expressionist paintings—with which I suppose everyone is familiar and which are from his last and most popular period—were reproduced in calendars and prints of all kinds: as decorations in any hotel in the region, accompanied by a string of garlic in a friend's kitchen, in the waiting room of the notary's office, or even in a village bar where the locals went to drink carajillo.

I thought he was just a local phenomenon, but when I went out into the world at the age of 16, I soon became aware of the influence that the work of my fellow countryman Benjamín Palencia had—and continues to have—on landscape painting in this country.

I think we can agree that his work transcended the two (not very) well-known Vallecas Schools or experiences, which he founded together with Alberto Sánchez.

Even the later Madrid School, through Sánchez Camargo, its mentor, recognised him as one of its main references.

It is therefore only logical that in La Mancha—his homeland—we can find painters who consciously or unconsciously follow in his footsteps (since he developed many styles), although the most visible is his expressionist-style landscape painting with its exaggerated colours.

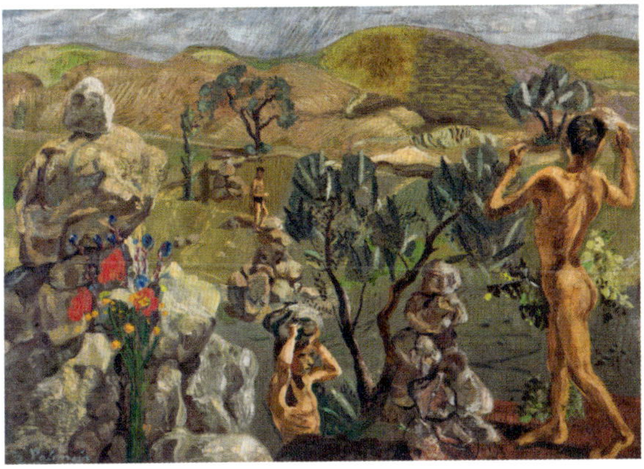

Benjamín Palencia, *Paisaje con figuras*, c. 1940-1941, óleo sobre tela, 64 × 91 cm
Benjamín Palencia, *Paisaje con figuras*, c. 1940-1941, oil on canvas, 64 × 91 cm

En mis inicios, todo este fenómeno —como digo— me repelía lo suficiente como para buscar otros campos de expresión diferentes, fuera de su alcance, incluso completamente opuestos.*

Con los años, según descubría o encontraba obras suyas de etapas anteriores, fui interesándome más y más por su trabajo. Su formación autodidacta y evolución figurativa siguen pareciéndome fascinantes; en concreto, sus retratos azulados o de tonos fríos, los cuales desprenden, en mi opinión, una energía electrizante de una increíble fisicidad.

La manera tan original, descarada y fresca que tiene de introducir un guiño tan evidente a su admirado Greco creo que los convierte en algo completamente nuevo y personal.

Aquí hemos traído un cuadro de pequeño formato, pero de gran intensidad, como es la *Cabeza de San Juan Bautista*. Confronta de un modo increíble una temática tremendista del barroco español con un tono humorístico o absurdo, que lo convierte en algo completamente transgresor para su época.

Pero las obras que realmente me despertaron —y que siguen produciéndome una inquietud y curiosidad máximas— no son otras que las de su primera etapa vallecana: las creadas en los años treinta.

Estas obras, o su *leitmotiv*, se vinculan, ante mi sorpresa, con dos series que desarrollé en mis inicios: *Anecdotario* (1999-2001) y

*Caigo ahora en la cuenta de que, quizá por este motivo, mi paleta es tan oscura, intencionadamente sucia, y mi imaginario totalmente imbricado, más allá de narrativo y neobarroco.

This phenomenon, in my early days—as I say—repelled me enough to seek other fields of expression, beyond the reach of Benjamín Palencia, even heading in the opposite direction to his work.*

Over the years, as I discovered or found works from his earlier periods, I became more and more interested in his opus. His self-taught training and figurative evolution continue to fascinate me, particularly his blue or cool-toned portraits, which, in my opinion, exude an electrifying energy of incredible physicality.

The original, bold and fresh way in which he introduces such an obvious nod to his admired El Greco makes them, I believe, something completely new and personal.

Here we have brought a small format but highly intense painting, *Cabeza de San Juan Bautista* (Head of Saint John the Baptist). It confronts a sensationalist theme from the Spanish Baroque in an incredible way with a humorous or absurd tone, which makes it completely transgressive for its time.

But the works that really awakened me—and which continue to arouse my utmost interest and curiosity—are none other than those from his early Vallecas period: those created in the 1930s.

These works, or their leitmotif, are linked, to my surprise, to two series that I developed in my early days: *Anecdotario* (1999-2001) and *Post-Show* (2001-03), which were contextualised in the La Mancha environment to launch universal discourses that started from the eminently local, using a completely contemporary language, but without neglecting historiographical revision.

The project we present here is the result of a conscious dialogue with these early works, although we have also selected works from other periods.

These works emerge as an extension and complement to a still unpublished project entitled *Muchachos al Campo*, in which the curator and historian Juan Manuel Bonet (author of the central text of this catalogue) proposed establishing a game or dialogue, pointing out—or warning of—certain spontaneous parallels that the work of my fellow countryman Benjamín Palencia and my own seemed to have in an unconscious or fortuitous way, beyond our obvious differences.

---

* I now realise that, perhaps for this reason, my palette is so dark, intentionally dirty, and my imagination totally interwoven, beyond narrative and neo-baroque.

Post-Show (2001-2003), las cuales se contextualizaban en el entorno manchego para lanzar discursos universales que partían de lo eminentemente local, desde un lenguaje completamente contemporáneo, aunque sin dejar de lado la revisión historiográfica.

El proyecto que aquí presentamos es consecuencia de un diálogo consciente con estas últimas obras mencionadas, principalmente, aunque también hayamos seleccionado trabajos de otras etapas.

Estos trabajos surgen como prolongación y complemento de un proyecto todavía inédito, titulado *Muchachos al campo*, en el que el comisario e historiador Juan Manuel Bonet (autor del texto central de este libro) propuso establecer un juego o diálogo, señalando —o advirtiendo— ciertos paralelismos espontáneos que la obra de mi paisano Benjamín Palencia y la mía parecían tener de manera inconsciente o fortuita, más allá de nuestras evidentes diferencias.

Construimos así un proyecto que pretendemos poder mostrar, en algún otro momento, como es debido. Los trabajos que mostramos en la Galeria Marc Domènech sirven como adelanto de un proyecto mucho más amplio y —por qué no decirlo— ambicioso, que espero que fructifique en grandes instalaciones, exposiciones colaborativas y colectivas, e incluso una obra de teatro.

Este preludio es, además, un homenaje, un tributo, una toma de tierra, un humilde acercamiento al «espíritu vallecano» de mis ancestros. Un juego creativo para lanzar luz sobre las dos experiencias conocidas como I y II Escuela de Vallecas.

Pero también plantea una propuesta vivificante: una invitación a elucubrar y trabajar de manera efusiva a favor de este espíritu, a través de unas acciones que puedan llevarnos a una posible III Escuela de Vallecas.

Las obras que van surgiendo nacen de esta profunda conexión con la tradición y la vanguardia artística española, sin dejar de ser permeables a dialogar con ciertas corrientes internacionales.

Persigo reivindicar la intención original de sus fundadores, recordando que, para tal ambiciosa empresa, a finales de los años veinte y en los primeros treinta, Alberto Sánchez y Benjamín Palencia usaron como fuente de inspiración los paseos por las afueras de Madrid. Caminaban largo y tendido por los descampados que albergaban

So, we constructed a project that we hope to be able to show when the time is right. The works we are showing at Galeria Marc Domènech serve as a preview of a much broader and—why not say it—more ambitious project, which I hope will bear fruit in large installations, collaborative and collective exhibitions, and even a play.

This prelude is also a homage, a tribute, an 'earthing', a humble approach to the 'Vallecas spirit' of my ancestors. A creative game to shed light on the two experiences known as the first and second Escuela de Vallecas.

But it also puts forward an invigorating proposal: an invitation to reflect and work enthusiastically in accordance with this spirit, through actions that could lead us to a possible third Vallecas School.

The works that emerge are born from this deep connection with tradition and the Spanish artistic avant-garde, while remaining open to dialogue with certain international trends.

I seek to vindicate the original intention of its founders, remembering that, for such an ambitious undertaking, in the late 1920s and early 1930s, Alberto Sánchez and Benjamín Palencia used walks on the outskirts of Madrid as a source of inspiration. They went on long, exhausting walks through the wastelands that housed outlying suburbs such as the Vallecas neighbourhood, from which the group takes its name.

New members joined these walks, including Maruja Mallo, Juan Manuel Díaz Caneja, Luis Castellanos, Pancho Lasso, Antonio Rodríguez Luna, and poets such as Alberti, Lorca, Bergamín and Luis Felipe Vivanco, among many others. Thanks to them, and to certain works created at the same time, we can confirm that the precepts and spirit of this School of Vallecas were a solid reality, without a doubt, even though the controversy over its existence continues to rage among some historians.

Any doubts should simply be dispelled by Alberto's own testimony (which we reproduce in this catalogue), in which he recounts that, from 1927 onwards, he and Palencia would meet in Atocha at around half past three in the afternoon and set off in search of pictorial motifs. One of these routes consisted of following the railway line to the outskirts of Villaverde Bajo; without crossing the Manzanares River, they climbed up to Cerro Negro and headed towards the village of Vallecas, ending up at Cerro Almodóvar, which they renamed Cerro Testigo, and which I now use in almost the entire series as a backdrop or symbolic setting.

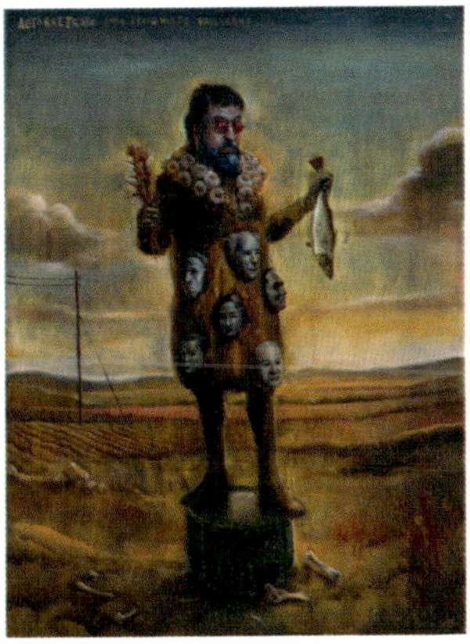

José Luis Serzo, *Autorretrato como artista Vallecano*, 2024, óleo sobre tela, 90 × 70 cm
José Luis Serzo, *Autorretrato como artista Vallecano*, 2024, oil on canvas, 90 × 70 cm

suburbios marginales como el barrio de Vallecas, de donde toma su nombre el grupo.

A estos paseos fueron incorporándose nuevos miembros como Maruja Mallo, Juan Manuel Díaz-Caneja, Luis Castellanos, Pancho Lasso y Antonio Rodríguez Luna, o poetas como Alberti, Lorca, Bergamín o Luis Felipe Vivanco, entre otros muchos. Gracias a ellos, y a cierta obra creada en las mismas fechas, podemos ratificar que los preceptos y el espíritu de esta Escuela de Vallecas fueron una realidad contundente, sin lugar a dudas, por mucho que la polémica sobre su existencia siga en auge entre algunos historiadores.

Las dudas deberían despejarse simplemente con el testimonio del propio Alberto (que reproducimos en este mismo catálogo), en el que relata que, a partir de 1927, él y Palencia se citaban en Atocha hacia las tres y media de la tarde, y hacían distintos recorridos en busca de motivos pictóricos. Uno de ellos consistía en seguir la vía del tren hasta las cercanías de Villaverde Bajo, y, sin cruzar el río Manzanares, subían hacia Cerro Negro y se dirigían al pueblo de Vallecas, donde llegaban hasta el Cerro Almodóvar, que ellos rebautizaron como Cerro Testigo, y que ahora utilizo en casi toda la serie como telón de fondo o escenario simbólico.

La Escuela de Vallecas, al menos en su primera etapa, pretendió crear una nueva expresión artística autónoma y autóctona, a la altura de cualquier vanguardia internacional, alejada de la imagen arquetípica y tradicional que solía promocionarse de España. Y aunque heredera, en parte, del pensamiento y movimiento

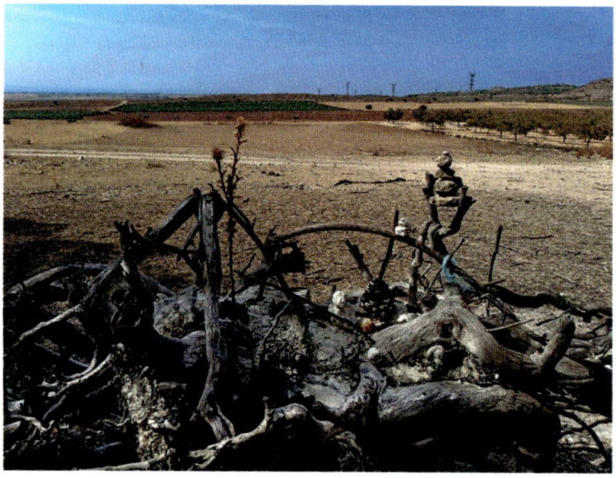

José Luis Serzo, *Acciones para una III Escuela de Vallecas*, 2025
José Luis Serzo, *Acciones para una III Escuela de Vallecas*, 2025

The School of Vallecas, at least in its early stages, sought to create a new autonomous and indigenous artistic expression, on a par with any international avant-garde, far removed from the archetypal and traditional image that was usually promoted of Spain. And although it was, in part, heir to the school of thought of the Generation of '98, it introduced the language of some avant-garde movements to exacerbate it and use it alongside ancestral and vernacular elements, even Iberian ones, through symbols and objects—however insignificant—that they found in the dry landscape of La Mancha through which they walked and which formed the hinterland of Madrid.

That peripheral landscape was linked to the memories and origins of its two founders. Any stone, stick or bone was fantasised, transmuted or sublimated as a plastic syntagm for their new aesthetic cosmogony.

They abstracted or synthesised the landscape into eminently telluric microcosms, with a certain metaphysical, even prehistoric, quality. The furrows and patterns of any ploughed field could become essential graphic rhythms, weaving together a new image of the natural and rural experience, which made this experience or school something completely authentic and novel in our country. They preferred stubble and barren terraces to any lush and "beautiful" landscape. They exacerbated and vindicated the materiality of these landscapes, above any colour, bearing in mind that in the Castilian-La Mancha landscape any artificial and pure colour—hether from a billboard or some abandoned element of consumer society—as scorched by the sun and transformed into the tone of the material from which it originated.

noventayochista, introdujo el lenguaje de algunas vanguardias para exacerbarlo y utilizarlo junto a elementos ancestrales y vernáculos, íberos incluso, a través de símbolos y objetos —si bien nimios e insignificantes— que encontraban en el paisaje seco castellano-manchego por el que paseaban y que conformaba la periferia de Madrid.

Aquel paisaje periférico se unía a los recuerdos y orígenes de sus dos fundadores. Cualquier piedra, palo o hueso era fantaseado, transmutado o sublimado como sintagma plástico para su nueva cosmogonía estética.

Abstraían o sintetizaban el paisaje en microcosmos eminentemente telúricos, de cierta metafísica incluso prehistórica. Los surcos y dibujos de cualquier terreno arado podían convertirse en ritmos gráficos esenciales, urdiendo con todo ello una nueva imagen de la experiencia natural y rural, lo que hizo de esta experiencia o escuela algo completamente auténtico y novedoso en nuestro país.

Preferían los rastrojos y bancales desvalidos a cualquier paisaje frondoso y «bello». Exacerbaron y reivindicaron la materia de estos paisajes, por encima de cualquier color, teniendo en cuenta que en el paisaje castellano-manchego cualquier color artificial y puro —ya fuera de una valla publicitaria o de algún elemento abandonado de la sociedad de consumo— era abrasado por el sol y transformado en el tono de la materia de la que partía.

De ahí que fueran pioneros del informalismo matérico, ya que añadían tierras, cenizas y otros elementos naturales en sus pinturas (sobre todo en el caso de Palencia). También podríamos considerarlos pioneros en tomar el propio caminar como una experiencia estética total, dado que, en aquellos paseos, surgía la inspiración y la verdadera poética de Vallecas. Por eso era algo completamente vanguardista, pero profundamente arraigado a su entorno.

Retomar este movimiento significa, por lo tanto, reconocer y valorar este legado para abrir nuevas vías de expresión y conceptualización artística y social.

La propuesta de refundar la Escuela de Vallecas pretende fortalecer y renovar el sentido de pertenencia, regenerar el foco de creación a través de una experiencia vital y directa con el paisaje de la periferia y todo lo que esto significa. Se trata de buscar la inspiración en los puntos donde la civilización —cada vez más separada del entorno

Hence, they were pioneers of material informalism, as they added earth, ashes and other natural elements to their paintings (especially in the case of Palencia). We could also consider them pioneers in taking walking itself as a total aesthetic experience, given that it was during those walks that inspiration and the true poetics of Vallecas emerged. Hence, it was at the same time completely avant-garde, but deeply rooted in its environment.

Revisiting this movement therefore means recognising and valuing this legacy in order to open up new avenues of artistic and social expression and conceptualisation.

The proposal to re-establish the 'Escuela de Vallecas' aims to strengthen and renew the sense of belonging, regenerating the focus of creation through a vital and direct experience with the landscape of the periphery and all that this means. Seeking inspiration in places where civilisation—increasingly separated from the rural and natural environment—still maintains a connection with nature. To take up this outlying context once again in order to strengthen and recover roots that are currently weakened and almost forgotten, thanks to the dizzying dehumanisation and disconnection that the cyber world is alarmingly causing in the younger generations.

Seeking art that recovers the connection with our essence and the essential becomes, today, at least for me, something urgent and necessary.

Cabezón de la Sal (Cantabria), August 2025

rural y natural— todavía mantiene conexión con la naturaleza, y tomar de nuevo este contexto limítrofe para fortalecer y recuperar unas raíces que, en estos momentos, se encuentran debilitadas y casi olvidadas, dada la vertiginosa deshumanización y desconexión que el mundo cibernético está provocando de manera alarmante en las nuevas generaciones.

Buscar un arte que recupere la conexión con nuestra esencia y lo esencial se convierte, a día de hoy, al menos para mí, en algo urgente y necesario.

Cabezón de la Sal (Cantabria), agosto de 2025

*ABOUT THE SCHOOL OF VALLECAS**

ALBERTO SÁNCHEZ

When I took part in the Exhibition of Iberian Artists, I got to know several painters. Most of them soon left for Paris, but Benjamín Palencia stayed behind. He and I remained in Madrid with a clear purpose: to create a new national art that could hold its own against what was happening in Paris. Starting around 1927, for quite a long stretch, Palencia and I met almost every afternoon at half past three at Puerta de Atocha—rain or shine.

We would set out on foot along different paths. One route followed the railway line out towards Villaverde Bajo; without crossing the Manzanares, we would turn off towards Cerro Negro and then on to Vallecas.

Our walks usually ended at a hill called Almodóvar, which we renamed "Cerro Testigo," because we believed it would be the starting point of a new vision for Spanish art. From the summit—a slope stripped bare by rain, with only a few weather-beaten olive trees left—we could see a complete circle of land, a panorama that revealed the earth's roundness.

At the top stood a boundary marker. We used it as a kind of manifesto: on one face I wrote down my principles, on another Palencia set down his. We dedicated a third one to Picasso. And on the fourth we inscribed the names of those we considered the true guides of art and thought: Eisenstein, El Greco, Zurbarán, Cervantes, Velázquez and others.

Like Don Quixote imagining armies on the horizon, we too saw ourselves as knights-errant of the visual arts, inventing new forms of line and colour. We concluded that colour itself didn't exist—what mattered were the qualities of the materials. From up there we noticed how the bright posters along the roadside—advertising cars, hotels, and so on—were completely out of tune with the landscape, like insults to nature. Our goal was to banish those artificial, acidic colours from painting and from the streets. We wanted the sobriety and simplicity that Castile itself seemed to breathe. In spirit, it was something like what the Impressionists had once attempted. We even experimented by bending forward with our heads between our knees, just to see the land differently; and sure enough, the whole vision changed. It made us realise how much our eyes had fallen into routine. What we saw from that hilltop felt as if it had never been painted before—not by El Greco, Velázquez, Zurbarán or even Picasso.

From all this came the idea of creating a new movement: the School of Vallecas. We threw ourselves into it with real passion. We began collecting stones, sticks, sand, anything at all that carried visual power. Once, in a fallow field outside Vallecas, we found an old woman's shoe, and that discovery made us reflect on two worlds: the open countryside and the enclosed city of Madrid. From that day we raised our cry: "Long live the open fields of Spain!".

**Text dictated by Alberto Sánchez to the architect Luis Lacasa in 1960. It was published for the first time in 1971 in the magazine Litoral (no. 17-18, Málaga).*

SOBRE LA ESCUELA DE VALLECAS*

ALBERTO SÁNCHEZ

Al participar en la Exposición de Artistas Ibéricos, conocí a varios pintores. Casi todos se fueron después a París, menos Benjamín Palencia. Palencia y yo quedamos en Madrid con el deliberado propósito de poner en pie el nuevo arte nacional, que compitiera con el de París. Durante un periodo bastante largo, a partir de 1927, más o menos, Palencia y yo nos citábamos casi a diario en la Puerta de Atocha, hacia las tres y media de la tarde, fuera cual fuese el tiempo.

Recorríamos a pie diferentes itinerarios: uno de ellos era por la vía del tren, hasta las cercanías de Villaverde Bajo; y sin cruzar el río Manzanares, torcíamos hacia el Cerro Negro y nos dirigíamos hacia Vallecas.

Terminábamos en el cerro llamado de Almodóvar, al que bautizamos con el nombre de «Cerro Testigo» porque de ahí había de partir la nueva visión del arte español. Una vez en lo alto del cerro —cerro de tierras arrastradas por las lluvias, donde solo quedaba algún olivo carcomido, con escasas ramas— abarcábamos un círculo completo, panorama de la tierra imagen de su redondez.

Aprovechamos un mojón que allí había, para fijar sobre él nuestra profesión de fe plástica: en una de sus caras escribí mis principios; en otra, puso Palencia los suyos; dedicamos la tercera a Picasso. Y en la cuarta pusimos los nombres de varios valores plásticos e ideológicos, los que entonces considerábamos más representativos: en esa cara aparecían los nombres de Eisenstein, el Greco, Zurbarán, Cervantes, Velázquez y otros.

Y como don Quijote, cuando desde lo alto de un cerro describía los ejércitos que se le venían encima, porque esa era la ley del armado caballero andante, nosotros también, considerándonos caballeros andantes de las artes plásticas, describíamos nuevas formas del dibujo y del color. Llegamos a la conclusión de que para nosotros no existía el color, sino las calidades de la materia. Desde allí mismo comprobamos cómo los colores de los carteles que a lo largo de una carretera anunciaban automóviles, hoteles, etcétera, eran repelidos por el paisaje como si fueran insultos a la naturaleza. Nos proponíamos extirpar los colores artificiales, agrios, de los pintores, de los carteles. Queríamos llegar a la sobriedad y la sencillez que nos transmitían las tierras de Castilla. Era, en el fondo, un movimiento equiparable a lo que en tiempos fueron los impresionistas. Metíamos la cabeza entre las piernas y veíamos cómo se transformaba toda la visión del paisaje; descubríamos por este procedimiento la rutina de los ojos, porque la postura nos cambiaba toda la visión. Nos parecía que lo que contemplábamos desde lo alto del cerro no había sido todavía realizado por ningún pintor, ya fuera el Greco, Velázquez, Zurbarán o Picasso.

De todo esto surgió la idea de lanzar una nueva escuela, la Escuela de Vallecas. Tomamos la cosa con verdadero fanatismo. Nos dimos a coleccionar piedras, palos, arenas y todo objeto que tuviera cualidades plásticas. Hasta el extremo de que una vez encontramos en un barbecho de Vallecas un zapato viejo de mujer y sobre el hallazgo comparamos los dos mundos: el del campo abierto y el del interior de Madrid. Esto nos hizo lanzar el grito de «¡Vivan los campos libres de España!».

* Texto dictado por Alberto Sánchez al arquitecto Luis Lacasa en 1960. El texto fue publicado por primera vez en 1971 en la revista *Litoral* (números 17-18, Málaga).

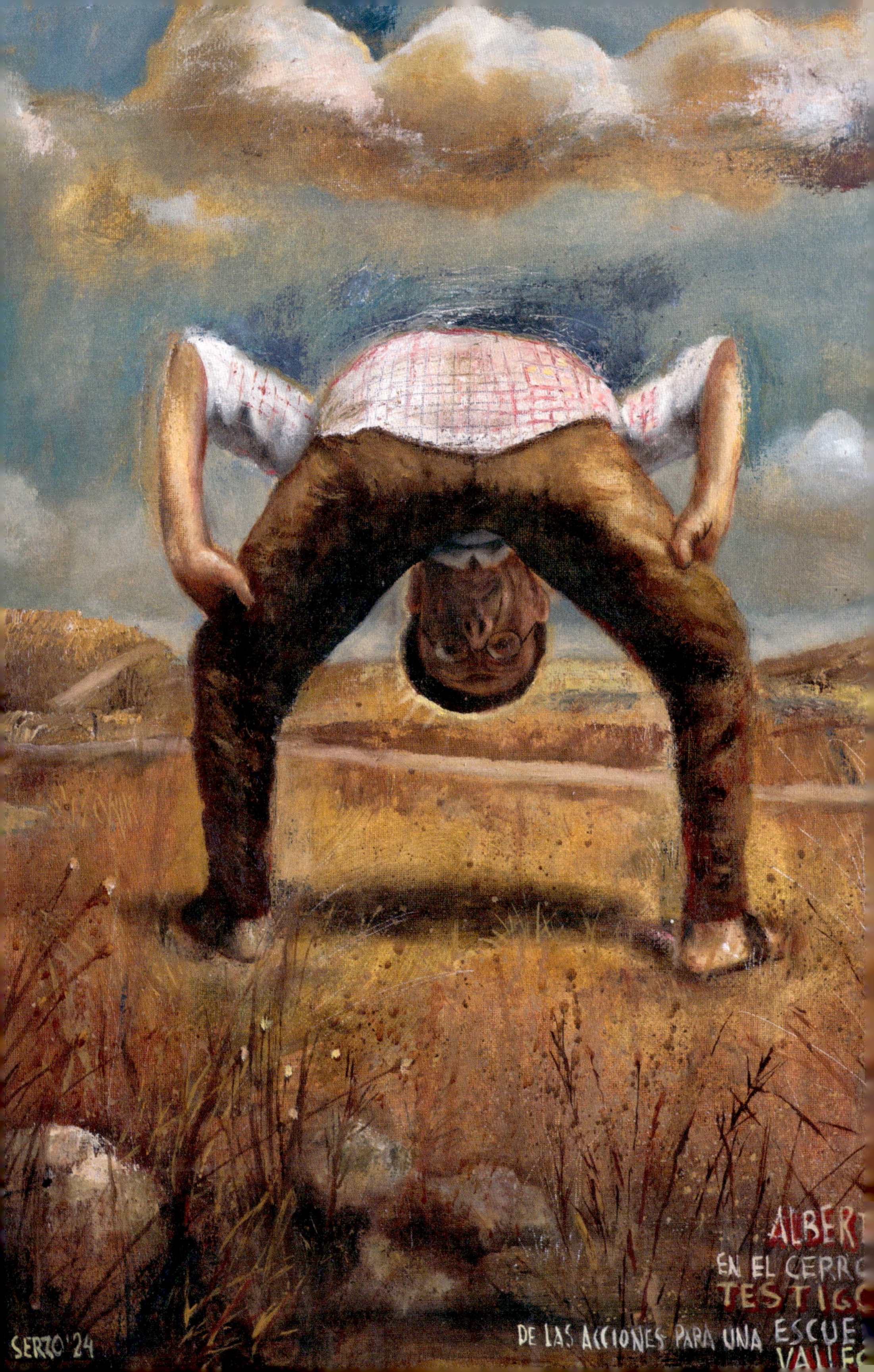
ALBER
EN EL CERR
TESTIG
DE LAS ACCIONES PARA UNA ESCUE
SERZO '24

OBRAS
WORKS

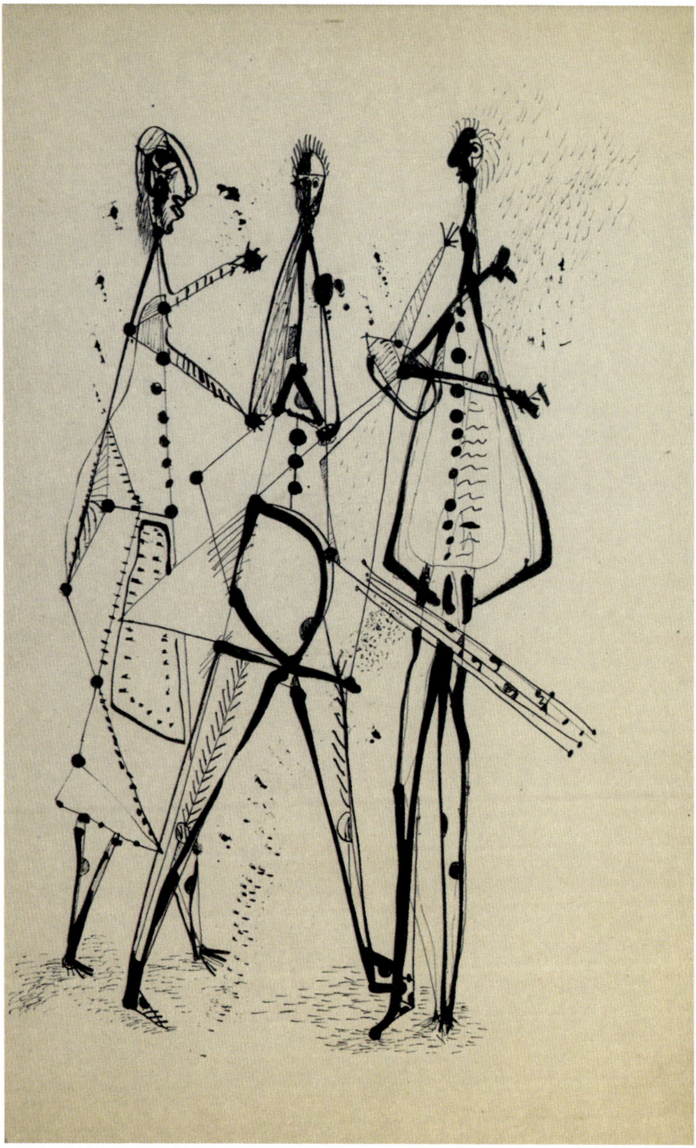

Benjamín Palencia
***Tres figuras*, 1930**
Tinta sobre papel, 27,8 × 22 cm
Ink on paper, 27.8 × 22 cm
[Cat. 4]

José Luis Serzo
***¿Dónde estás, Alberto?*, 2025**
Óleo sobre acetato, masilla y madera, 80 × 20 cm
Oil on acetate, putty and wood, 80 × 20 cm
[Cat. 62]

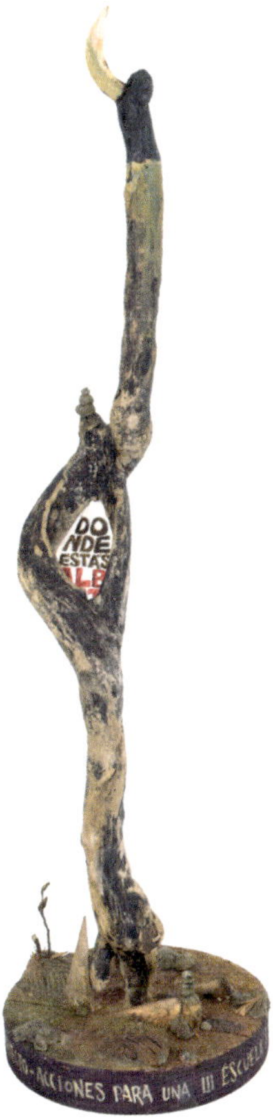

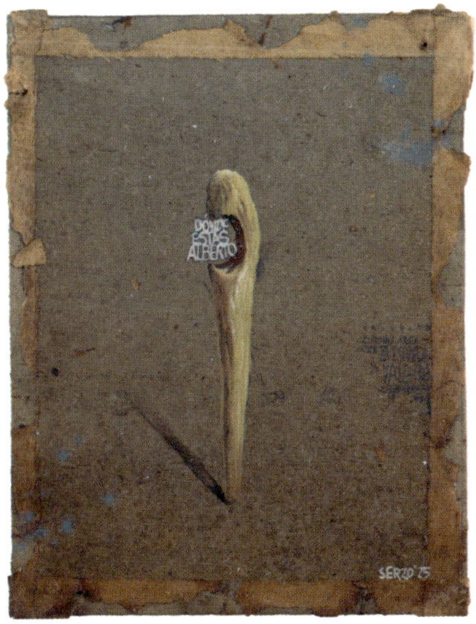

José Luis Serzo
***Equilibrio melancólico en el Cerro Testigo*, 2025**
Óleo y lápiz sobre papel, 28 × 21 cm
Oil and pencil on paper, 28 × 21 cm
[Cat. 63]

José Luis Serzo
***¿Dónde estás, Alberto?*, 2025**
Técnica mixta, 23 × 26 × 9 cm
Mixed media, 23 × 26 × 9 cm
[Cat. 60]

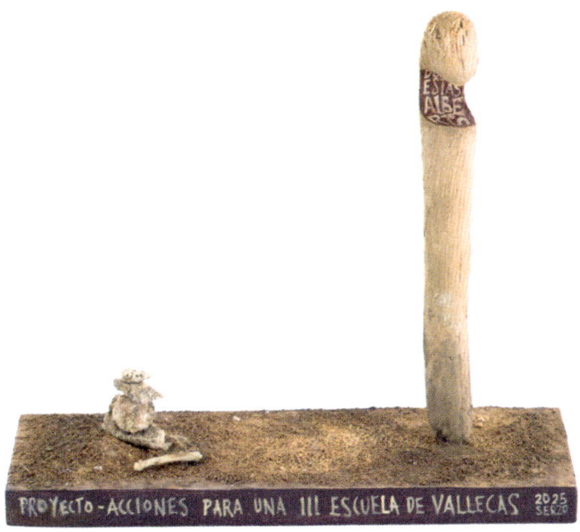

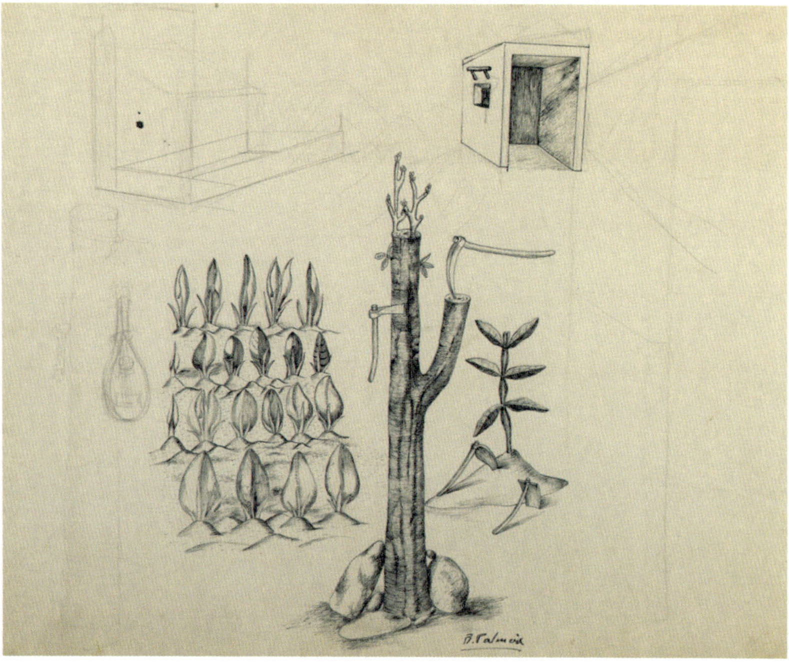

Benjamín Palencia
***Árbol herido*, c. 1930-1931**
Tinta y lápiz sobre cartulina, 50 × 65 cm
Ink and pencil on paper, 50 × 65 cm
[Cat. 5]

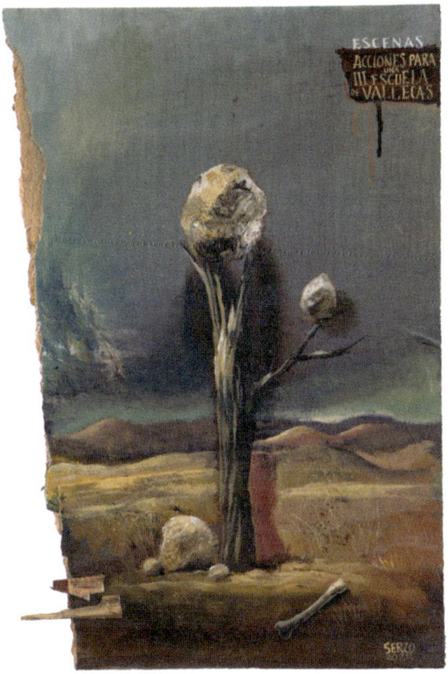

José Luis Serzo
***Escena Vallecana*, 2024**
Óleo sobre tabla, 46 × 30 cm
Oil on wooden panel, 46 × 30 cm
[Cat. 41]

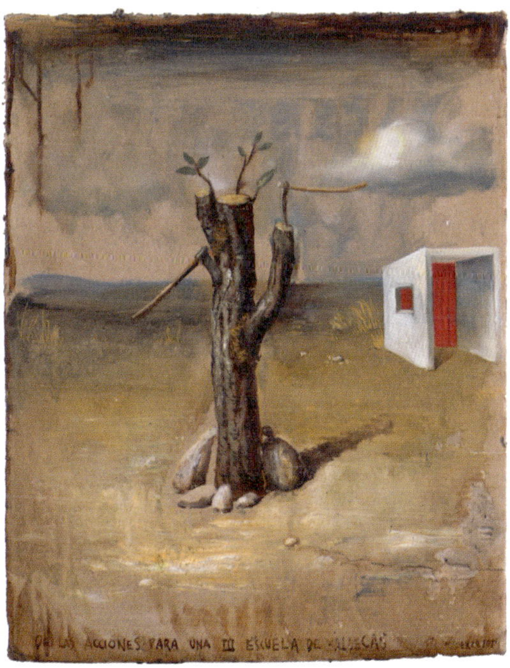

José Luis Serzo
***Estudio para una escenografía. Árbol herido*, 2024**
Óleo sobre cartón, 52 × 41,5 cm
Oil on cardboard, 52 × 41.5 cm
[Cat. 43]

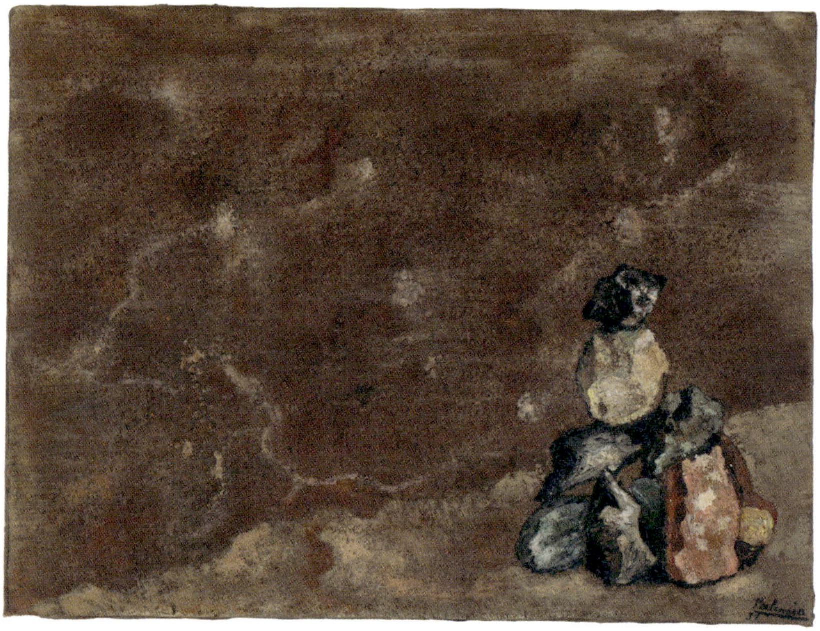

Benjamín Palencia
***Arquitectura sensible*, 1931**
Óleo y tierras sobre tela, 54 × 72 cm
Oil and sand on canvas, 54 × 72 cm
[Cat. 7]

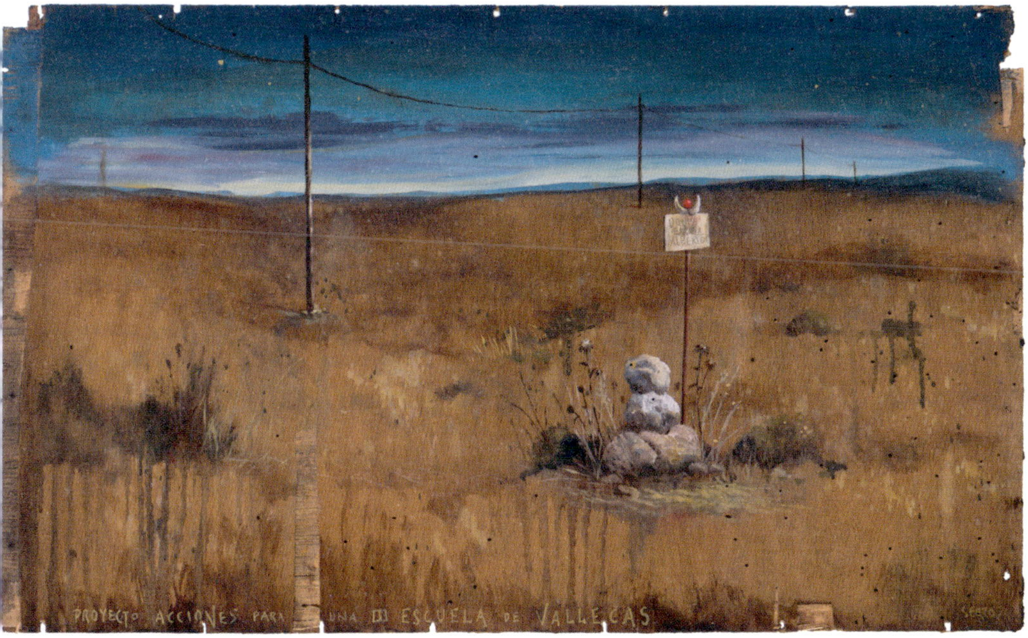

José Luis Serzo
***¿Dónde estás, Alberto?*, 2024**
Óleo sobre tabla, 43 × 72 cm
Oil on wooden panel, 43 × 72 cm
[Cat. 37]

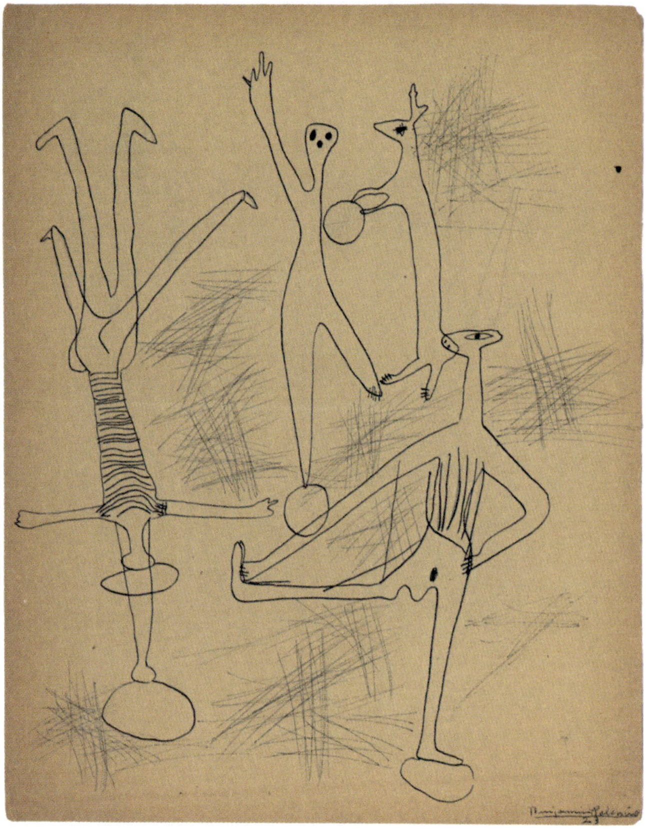

Benjamín Palencia
***Mirando el paisaje*, 1932**
Tinta sobre papel, 30 × 24 cm
Ink on paper, 30 × 24 cm
[Cat. 11]

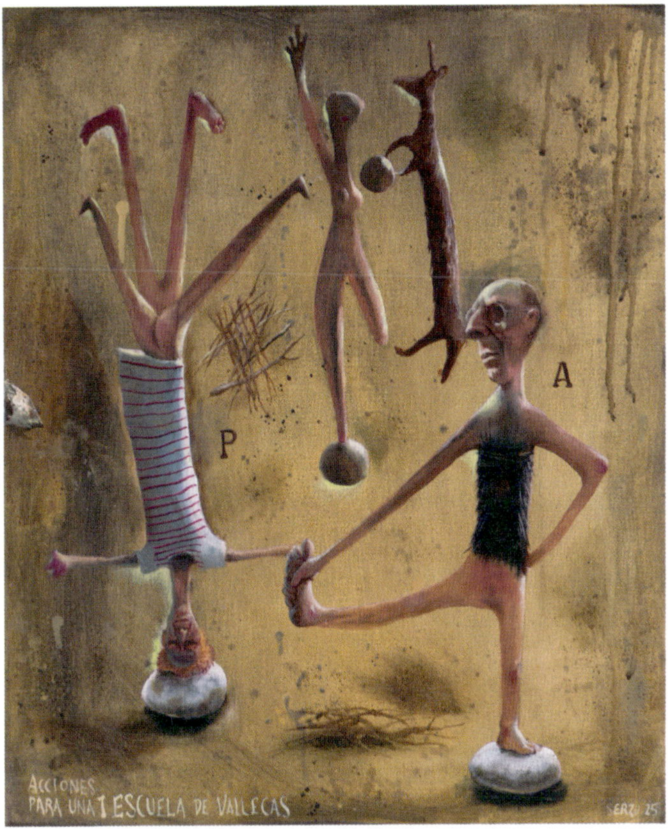

José Luis Serzo
***Alberto, Palencia y Mallo en el Cerro Testigo*, 2024**
Óleo sobre tela, 40 × 30 cm
Oil on canvas, 40 × 30 cm
[Cat. 33]

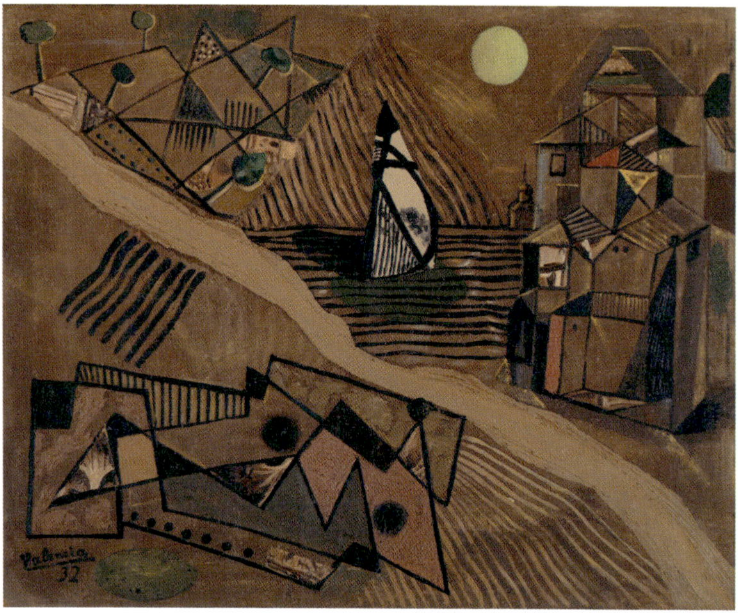

Benjamín Palencia
***Paisaje de la luna*, 1932**
Óleo, tierra y *collage* sobre tela, 72 × 92 cm
Oil, sand and collage on canvas, 72 × 92 cm
[Cat. 12]

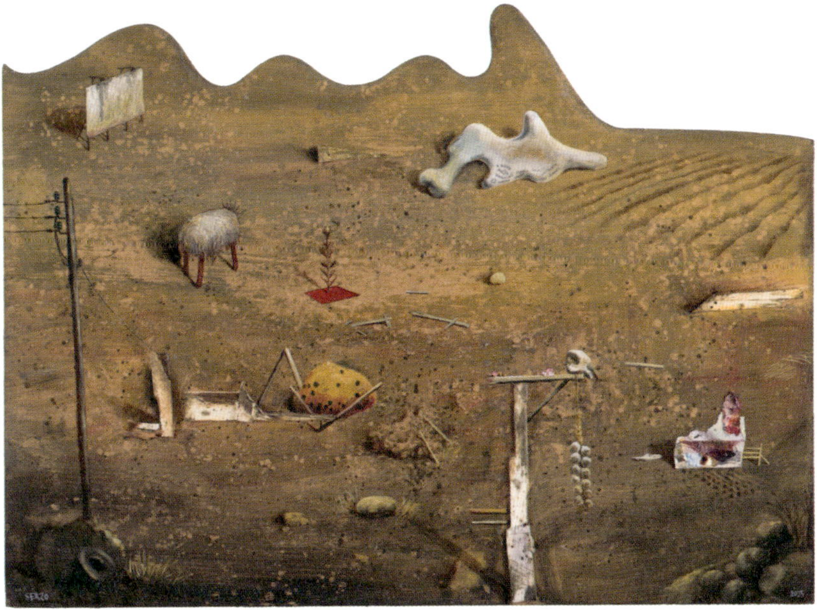

José Luis Serzo
***Visiones de una III Escuela de Vallecas*, 2025**
Óleo sobre tabla, 58 × 80 cm
Oil on wooden panel, 58 × 80 cm
[Cat. 74]

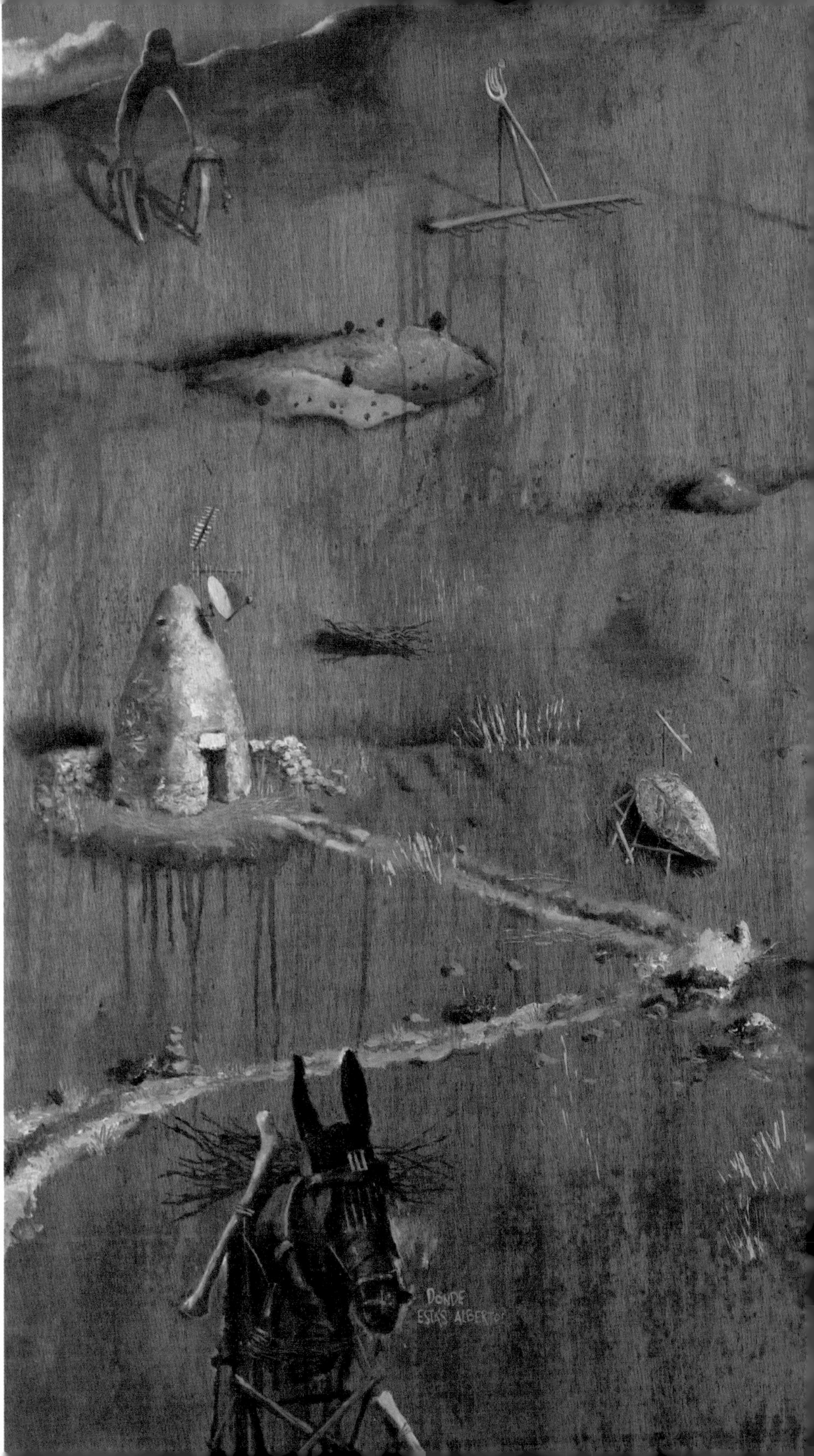
DONDE
ESTÁS ALBERTO

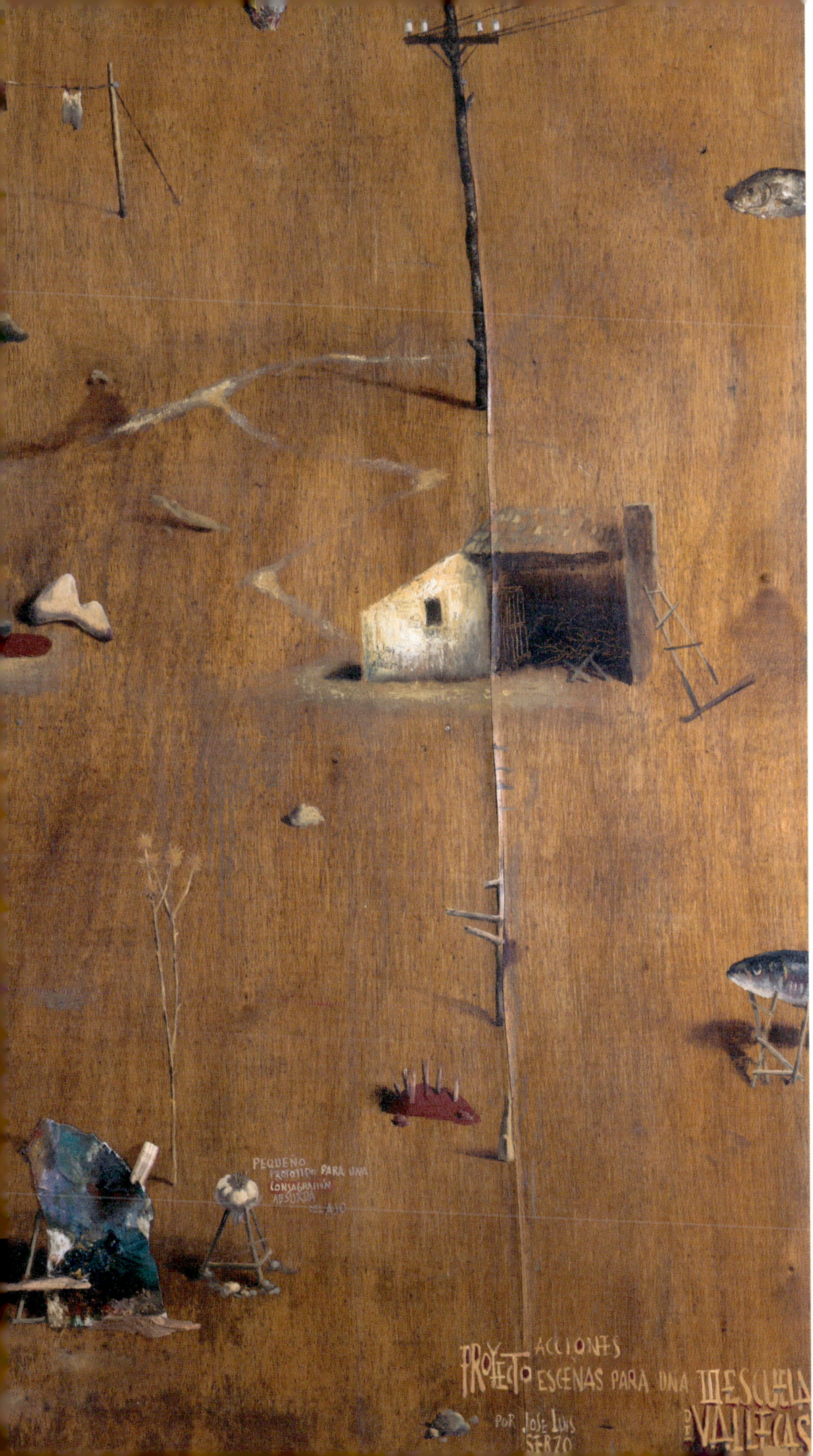
PEQUEÑO PROTOTIPO PARA UNA CONSAGRACIÓN ABSURDA DEL AJO
PROYECTO ACCIONES ESCENAS PARA UNA III ESCUELA DE VALLECAS
POR JOSÉ LUIS SERZO

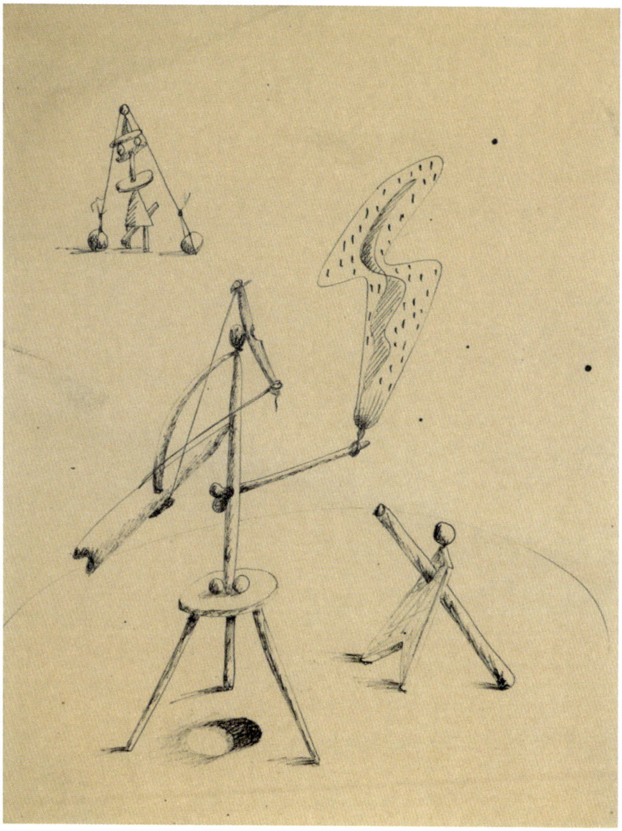

Benjamín Palencia
***Artilugios*, c. 1930-1933**
Tinta sobre papel, 26,5 × 20,5 cm
Ink on paper, 26.5 × 20.5 cm
[Cat. 8]

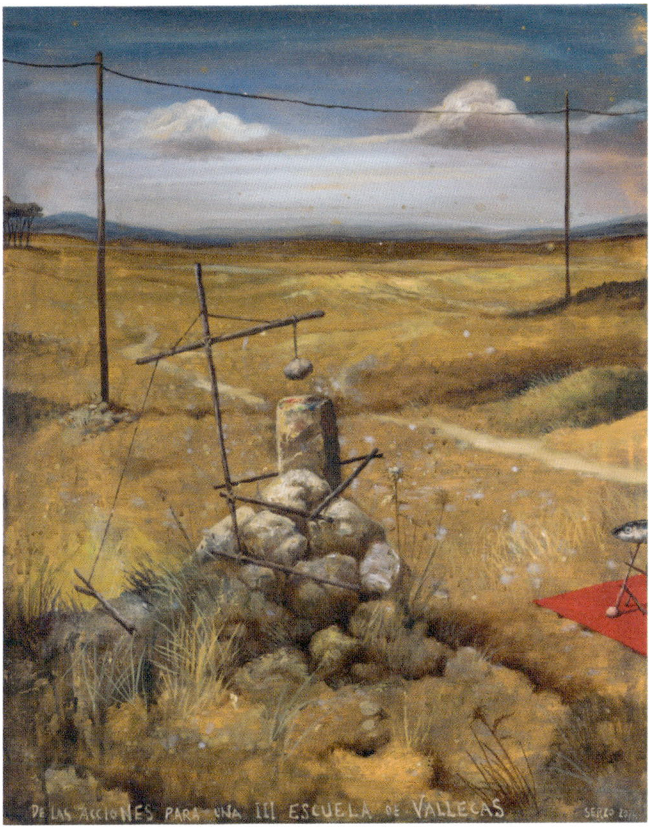

José Luis Serzo
***El equilibrio de la sardina*, 2024**
Óleo sobre tela, 61 × 50 cm
Oil on canvas, 61 × 50 cm
[Cat. 38]

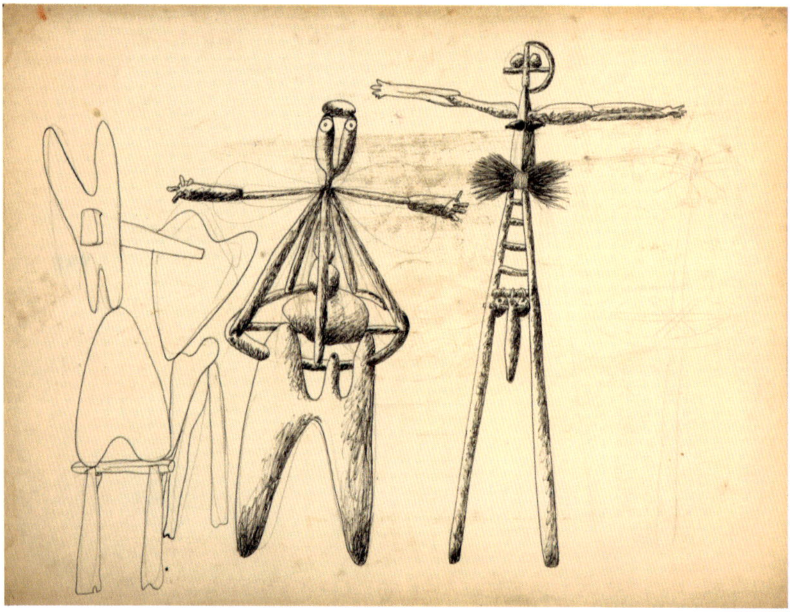

Benjamín Palencia
***Fósiles*, c. 1933**
Lápiz, tinta y acuarela sobre papel, 54 × 78 cm
Pencil, ink and watercolour on paper, 54 × 78 cm
[Cat. 16]

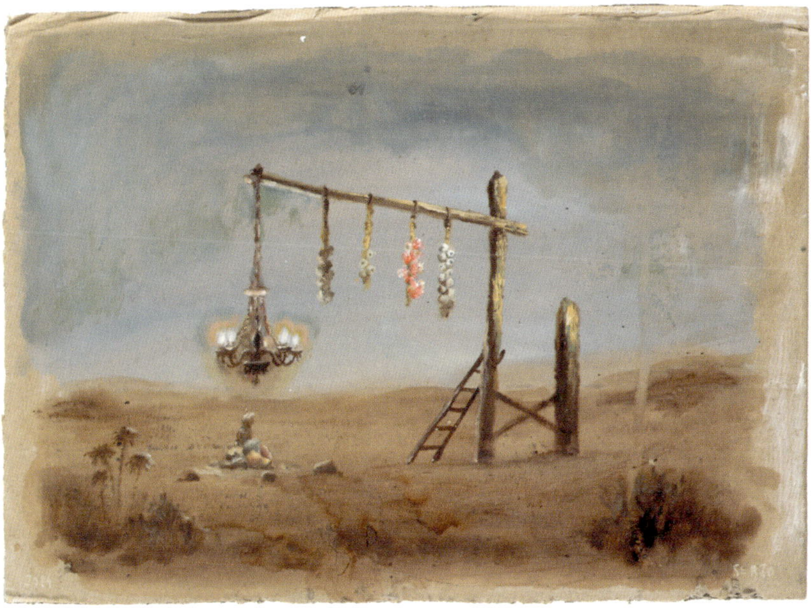

José Luis Serzo
***Lámpara, flores y ajos para una III Escuela de Vallecas*, 2024**
Óleo sobre cartón, 29,5 × 40 cm
Oil on cardboard, 29.5 × 40 cm
[Cat. 46]

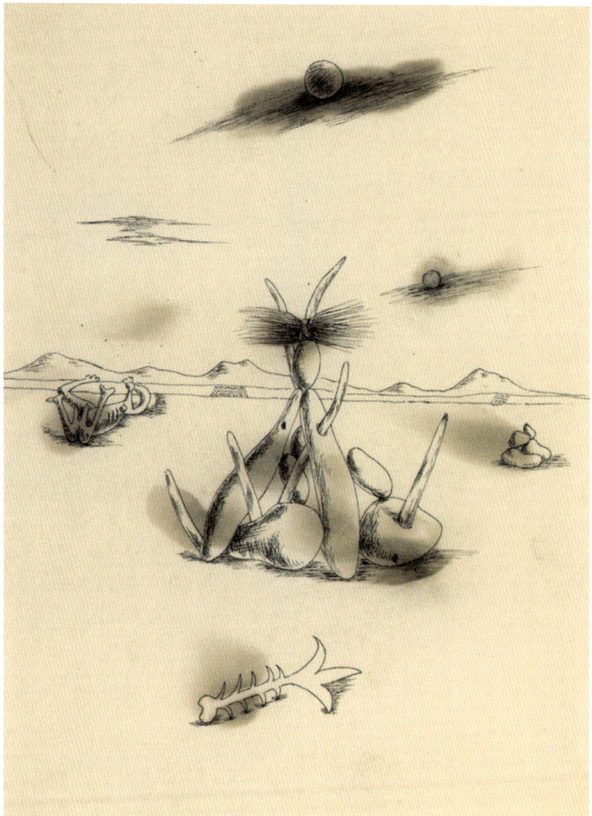

Benjamín Palencia
***Paisaje surrealista*, c. 1930-1933**
Tinta sobre papel, 26,8 × 19,3 cm
Ink on paper, 26.8 × 19.3 cm
[Cat. 10]

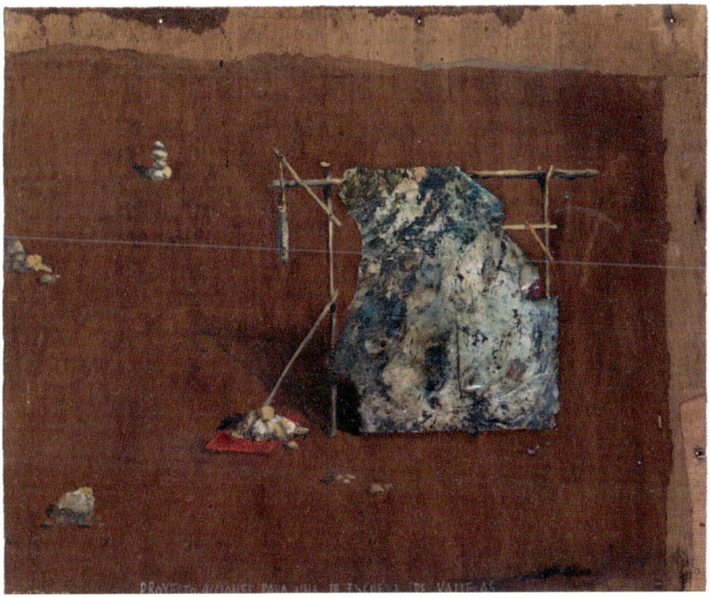

José Luis Serzo
***Escenografía en Cerro Testigo*, 2025**
Óleo sobre tabla, 32 × 38 cm
Oil on wooden panel, 32 × 38 cm
[Cat. 65]

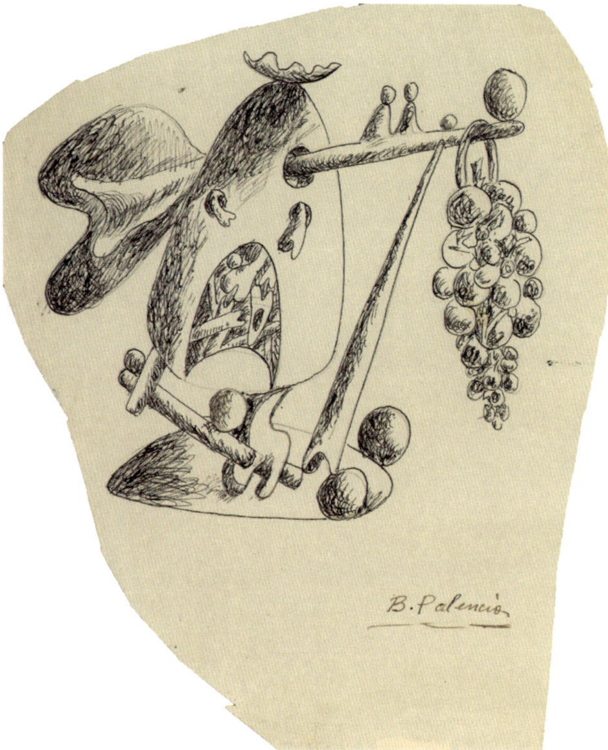

Benjamín Palencia
***Refugio y uvas*, c. 1933**
Tinta sobre papel, 19,6 × 23 cm
Ink on paper, 19.6 × 23 cm
[Cat. 15]

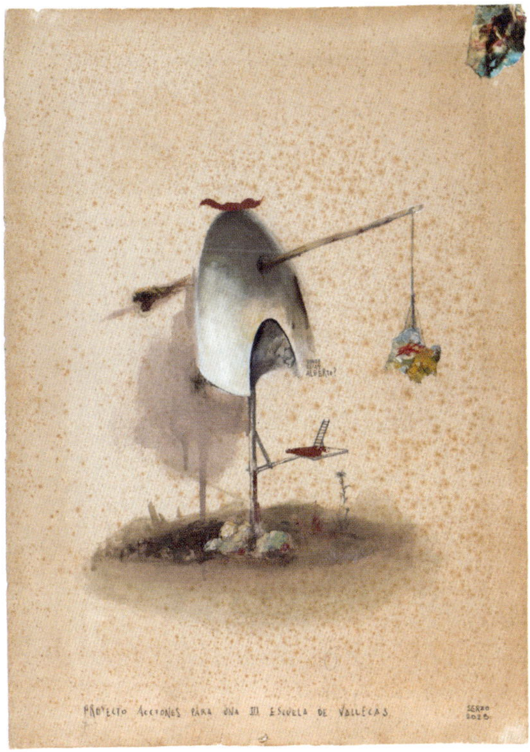

José Luis Serzo
***Un chozo para Alberto*, 2025**
Óleo y lápiz sobre papel, 65 × 47,5 cm
Oil and pencil on paper, 65 × 47.5 cm
[Cat. 73]

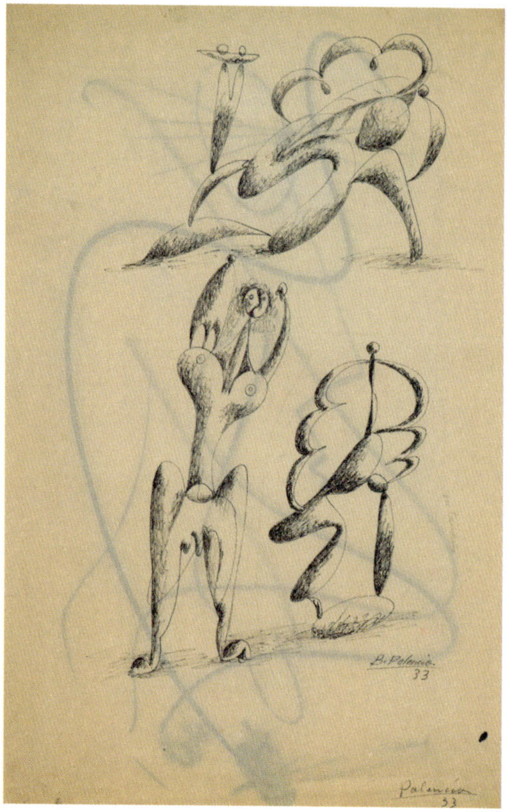

Benjamín Palencia
***Figuras surrealistas*, 1933**
Tinta sobre papel, 44 × 27,9 cm
Ink on paper, 44 × 27.9 cm
[Cat. 13]

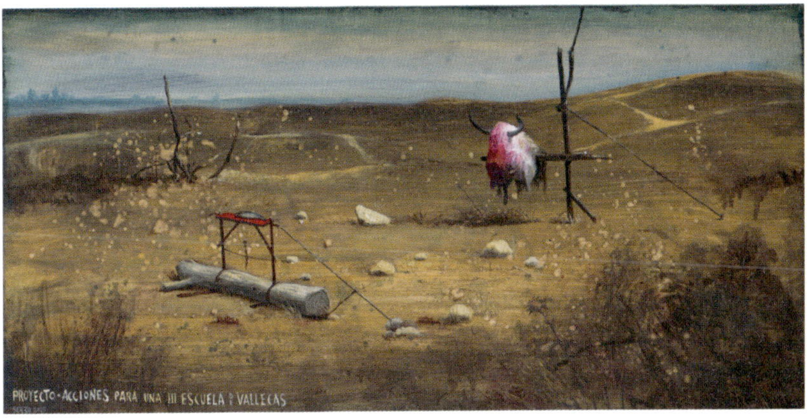

José Luis Serzo
***Acciones en el Cerro Testigo con toro rosa y sardina*, 2025**
Óleo sobre tabla, 40 × 80 cm
Oil on wooden panel, 40 × 80 cm
[Cat. 58]

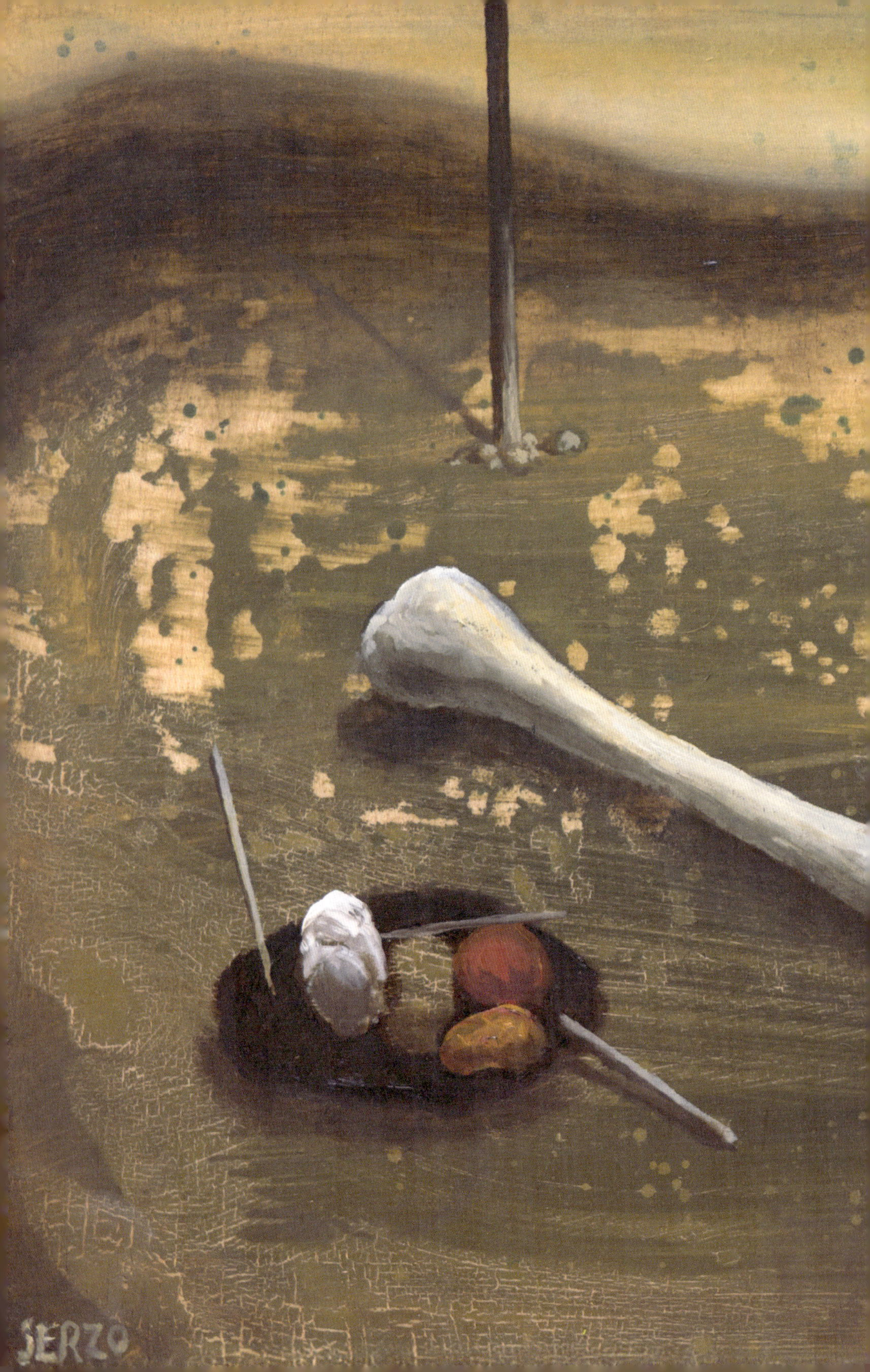
SERZO

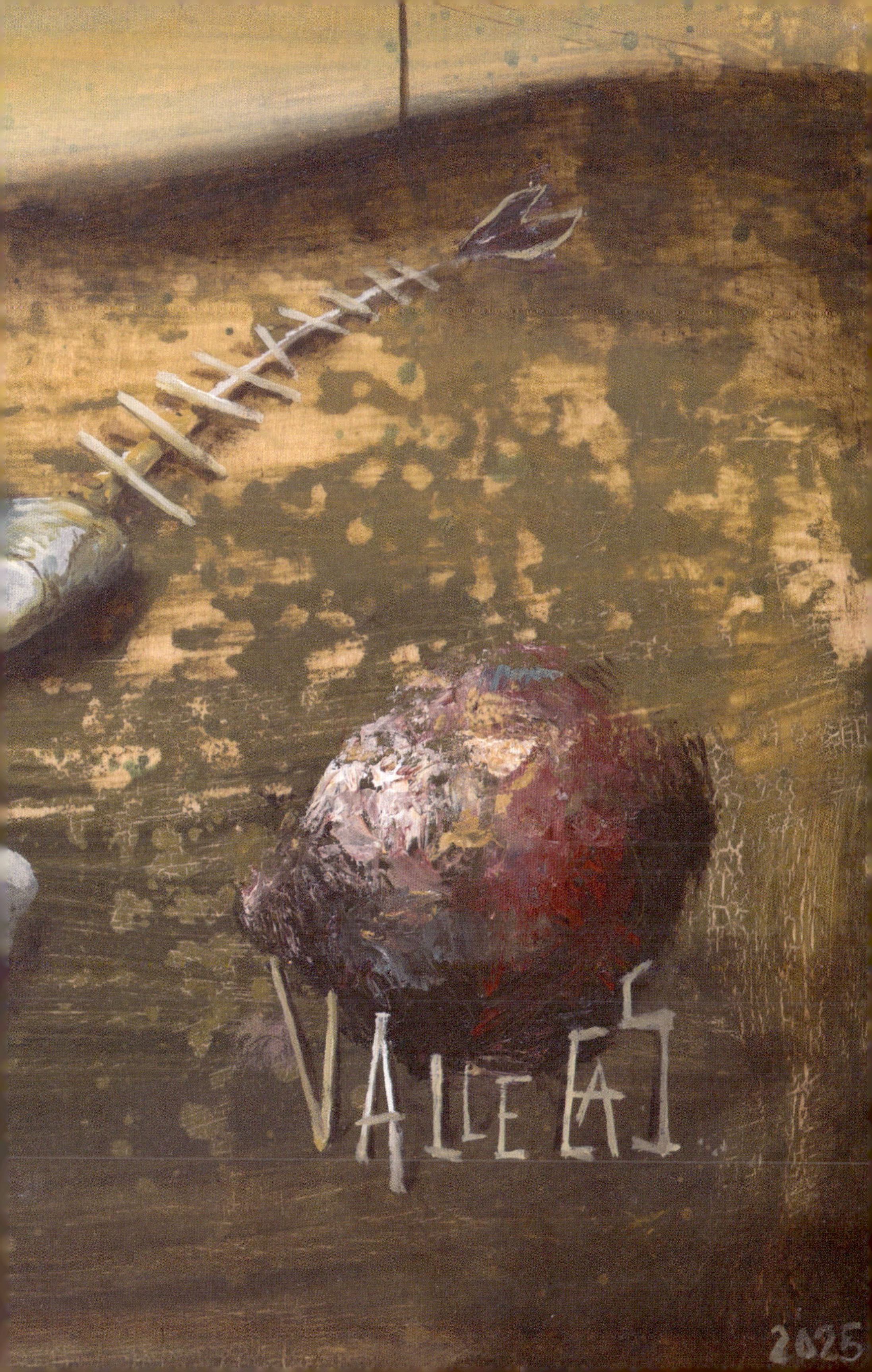
VALLECAS
2025

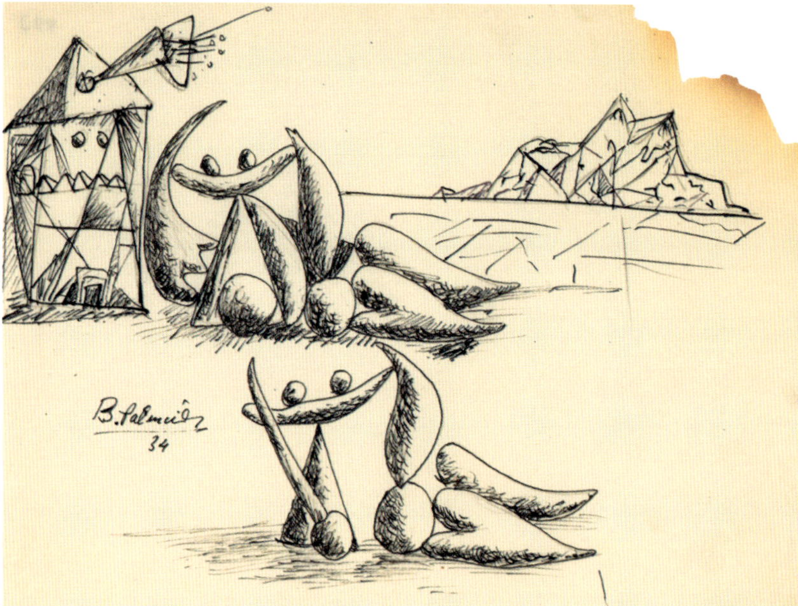

Benjamín Palencia
***Figuras en el paisaje*, 1934**
Tinta sobre papel, 21 × 27,5 cm
Ink on paper, 21 × 27.5 cm
[Cat. 17]

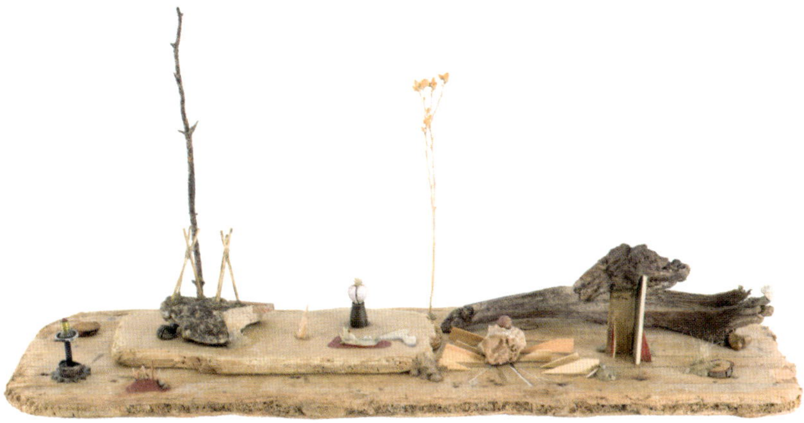

José Luis Serzo
***Proyecto para un paisaje de extrarradio*, 2025**
Madera, masilla y óleo sobre tabla, 50 × 110 × 30 cm
Wood, putty and oil on wood, 50 × 110 × 30 cm
[Cat. 71]

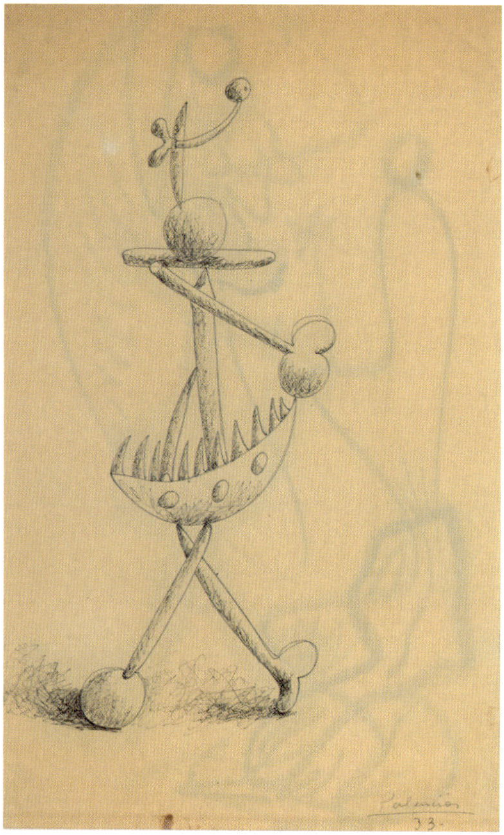

Benjamín Palencia
***Sin título*, 1933**
Tinta sobre papel, 44 × 28 cm
Ink on paper, 44 × 28 cm
[Cat. 14]

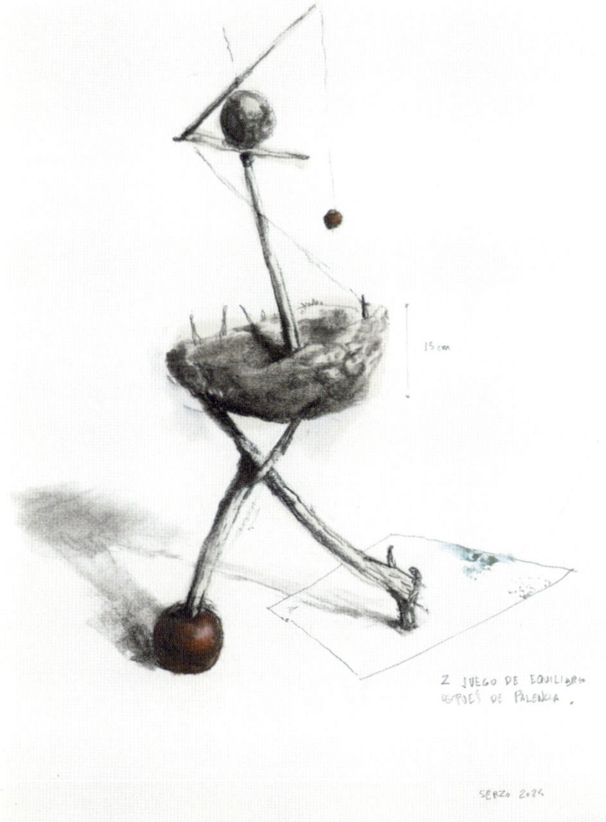

José Luis Serzo
***Juego de equilibrio después de Palencia*, 2024**
Carbón, lápiz y óleo sobre papel, 29 × 21 cm
Charcoal, pencil and oil on paper, 29 × 21 cm
[Cat. 45]

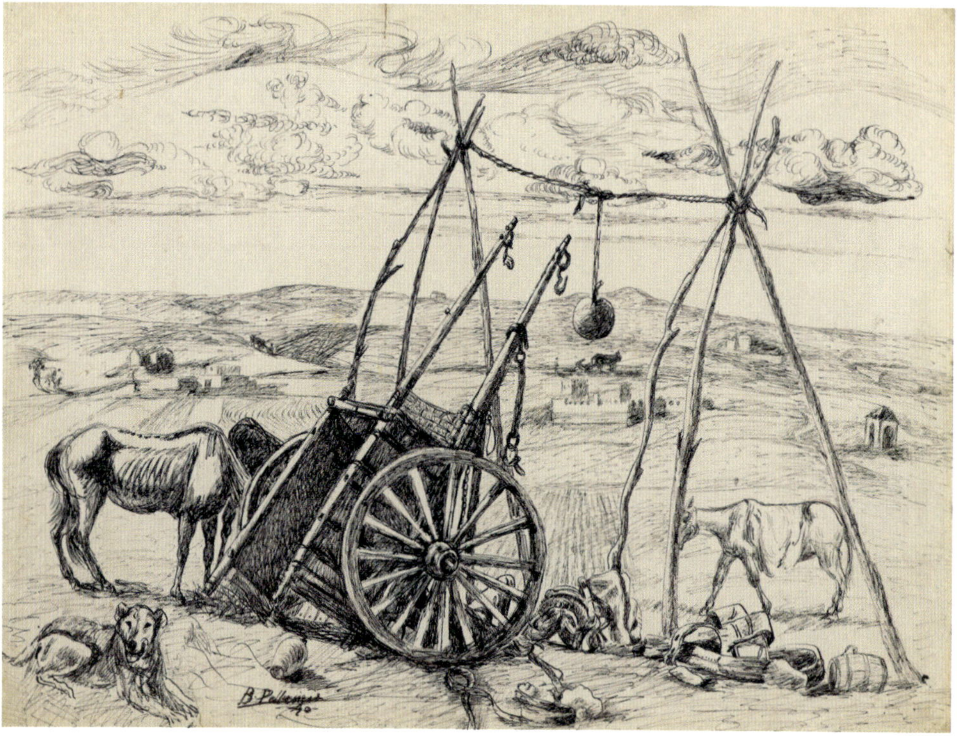

Benjamín Palencia
***Carro y mulas*, 1940**
Tinta sobre papel, 55 × 76 cm
Ink on paper, 55 × 76 cm
[Cat. 18]

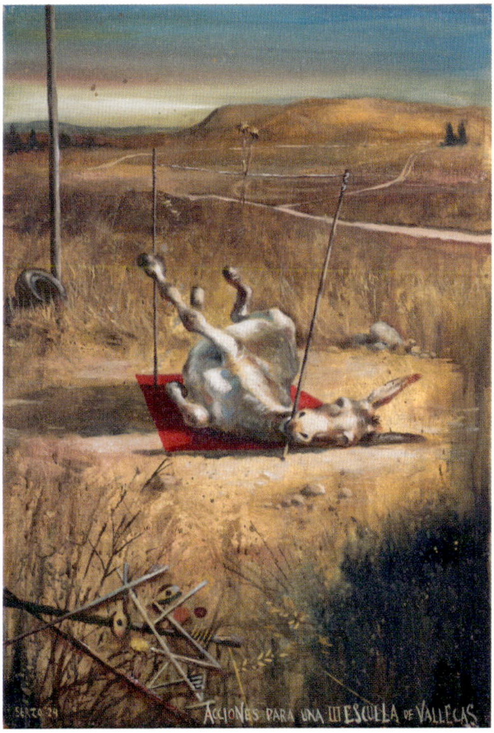

José Luis Serzo
***Accionista Vallecano*, 2024**
Óleo sobre tela, 38 × 56 cm
Oil on canvas, 38 × 56 cm
[Cat. 31]

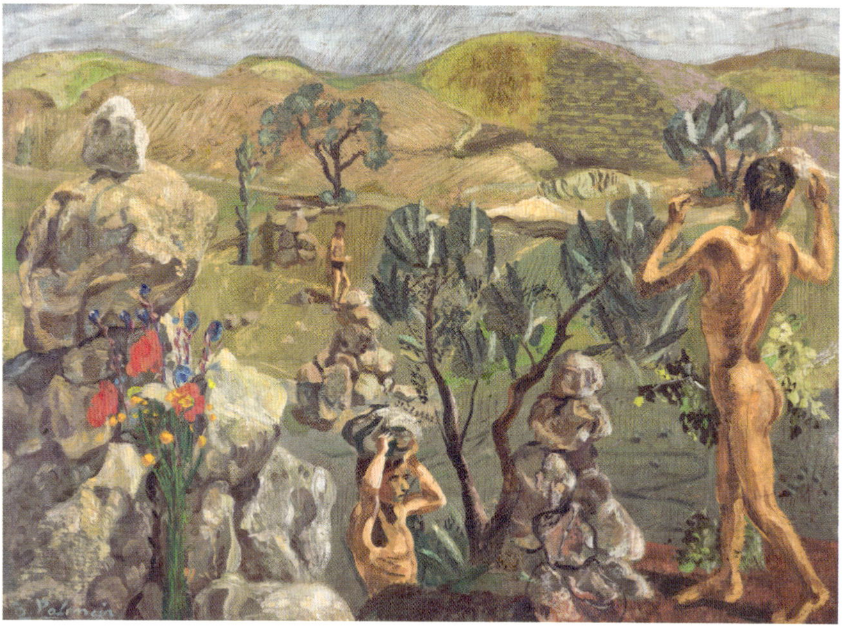

Benjamín Palencia
***Paisaje con figuras*, c. 1940-1941**
Óleo sobre tela, 64 × 91 cm
Oil on canvas, 64 × 91 cm
[Cat. 20]

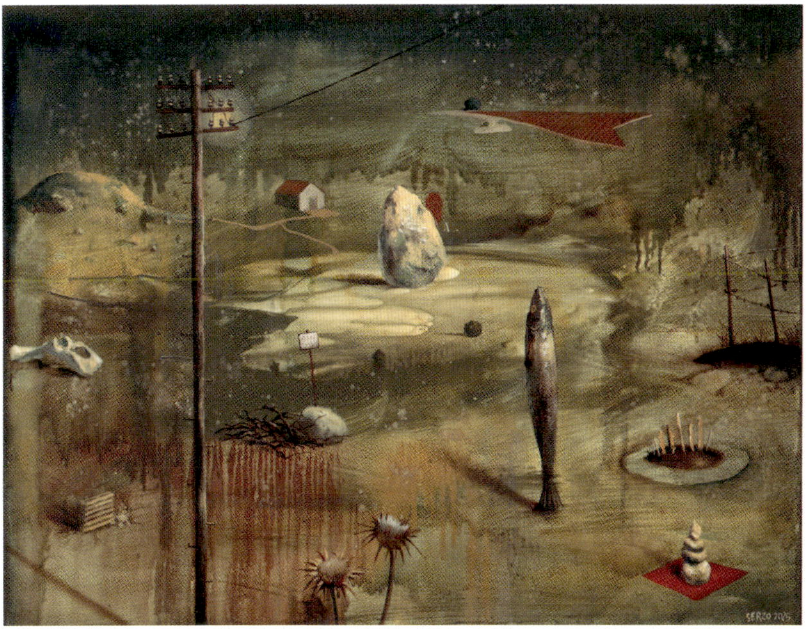

José Luis Serzo
***Paisaje vallecano con verdes*, 2024**
Óleo sobre tela, 70 × 90 cm
Oil on canvas, 70 × 90 cm
[Cat. 49]

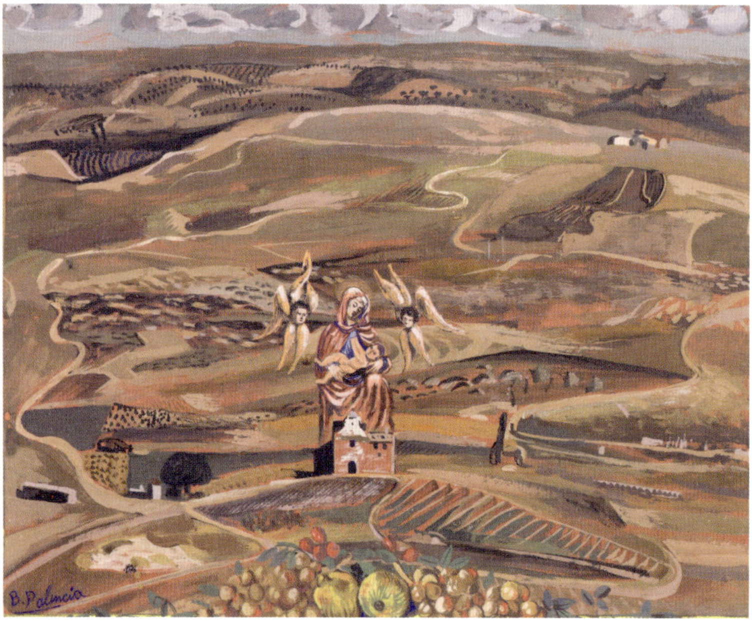

Benjamín Palencia
***Virgen del Páramo*, 1942**
Temple sobre cartón, 64 × 80 cm
Tempera on cardboard, 64 × 80 cm
[Cat. 21]

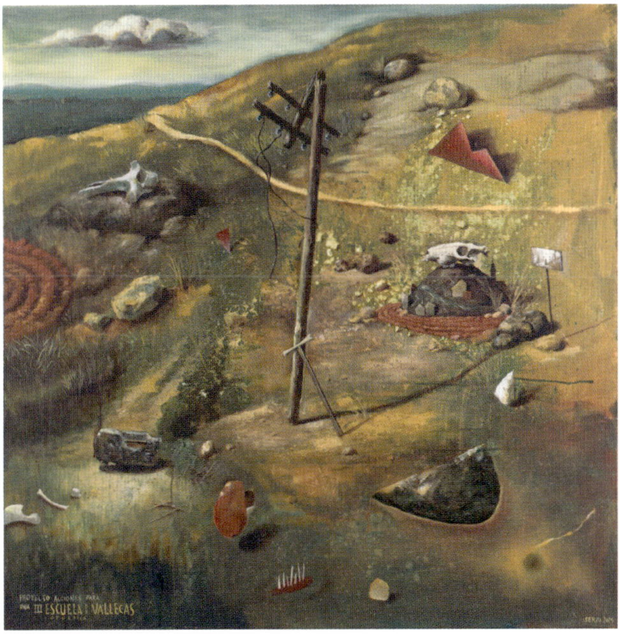

José Luis Serzo
***Visiones en el Cerro Testigo*, 2024**
Óleo sobre tela, 100 × 100 cm
Oil on canvas, 100 × 100 cm
[Cat. 56]

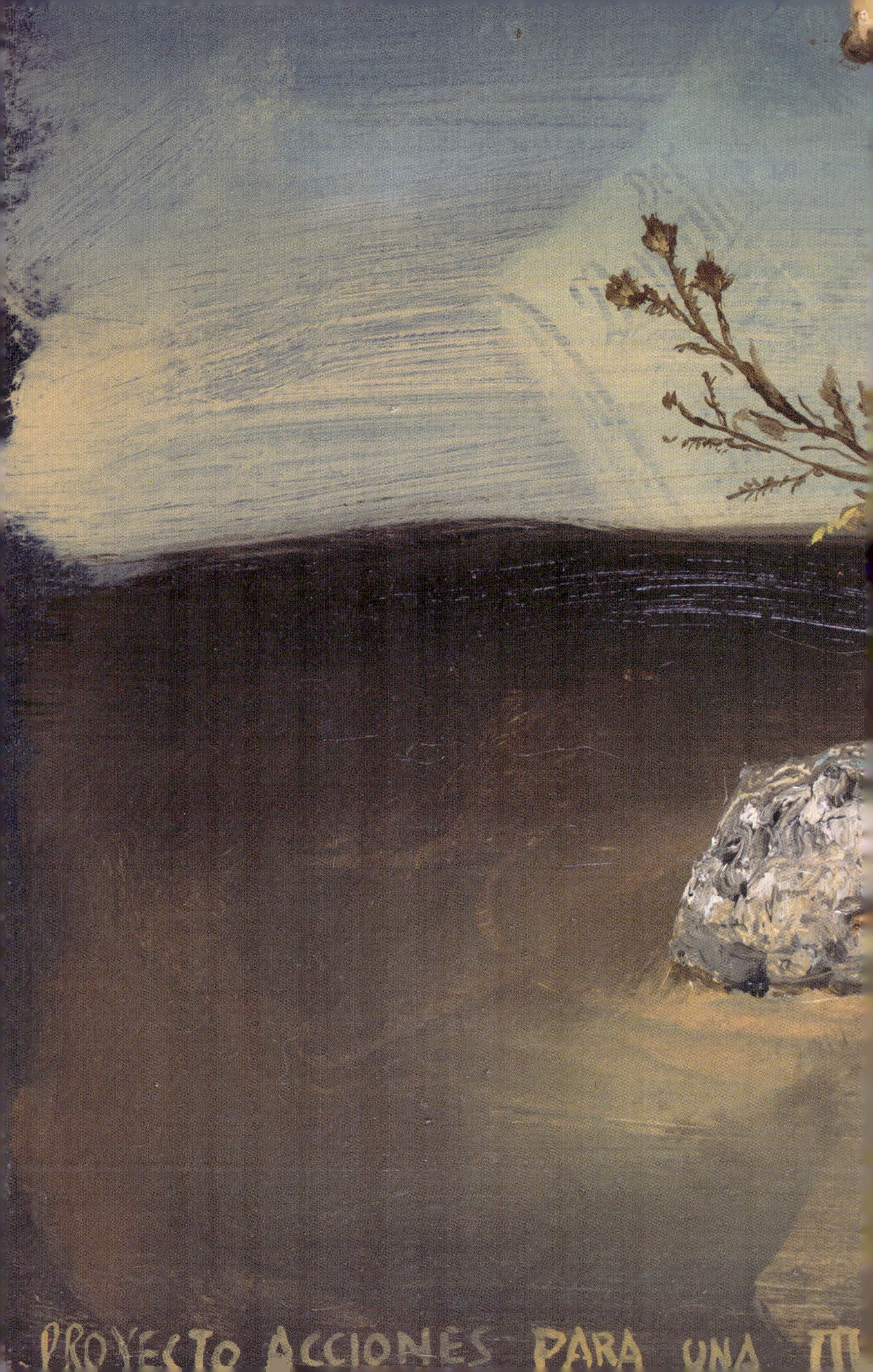
PROYECTO ACCIONES PARA UNA

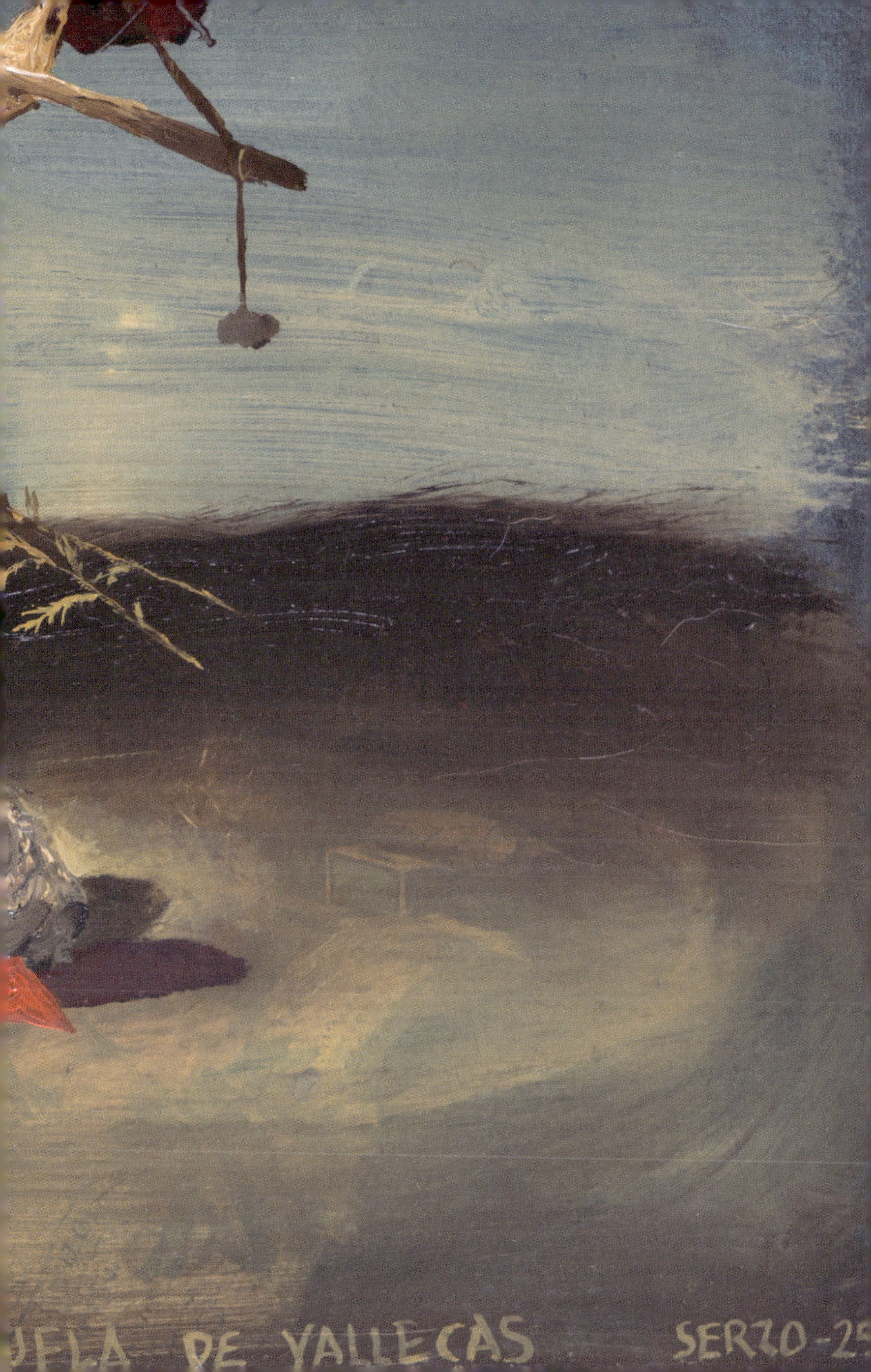
DE VALLECAS
SERZO-25

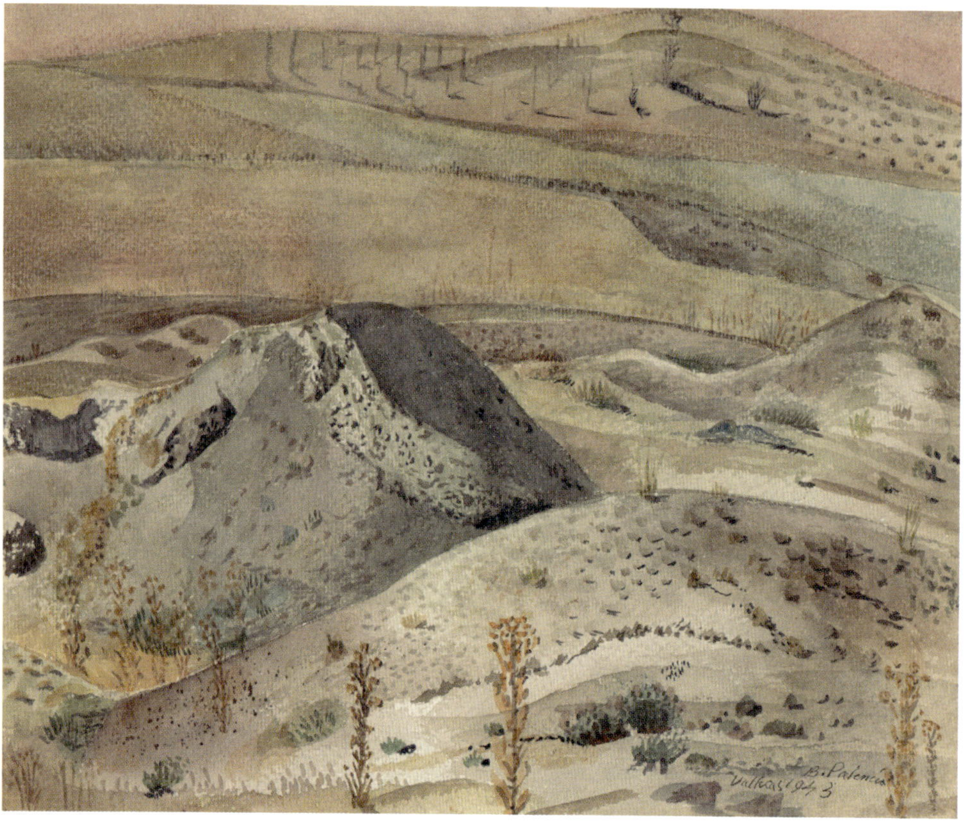

Benjamín Palencia
***Paisaje de Vallecas*, 1943**
Acuarela sobre cartulina, 32 × 39,5 cm
Watercolour on cardboard, 32 × 39.5 cm
[Cat. 23]

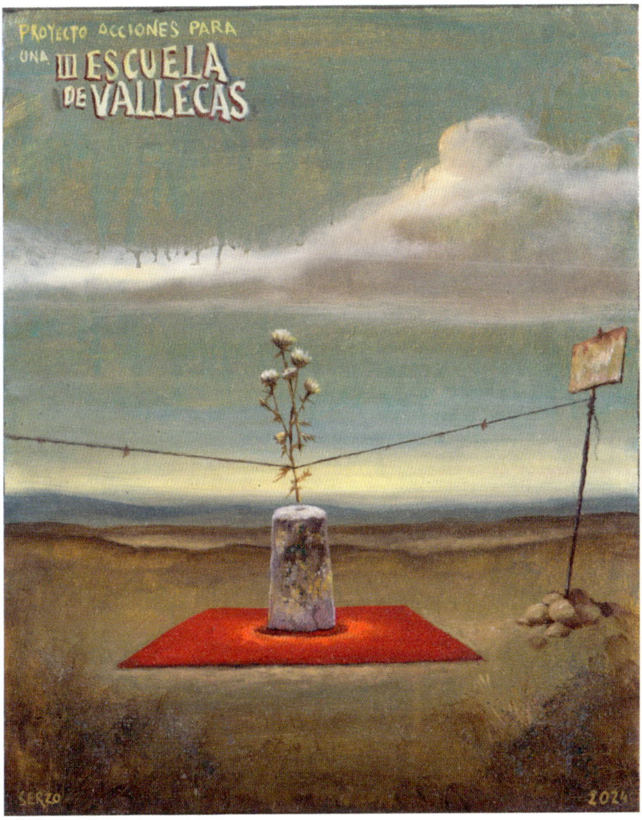

José Luis Serzo
***Cardos sagrados*, 2024**
Óleo sobre tela, 40 × 30 cm
Oil on canvas, 40 × 30 cm
[Cat. 36]

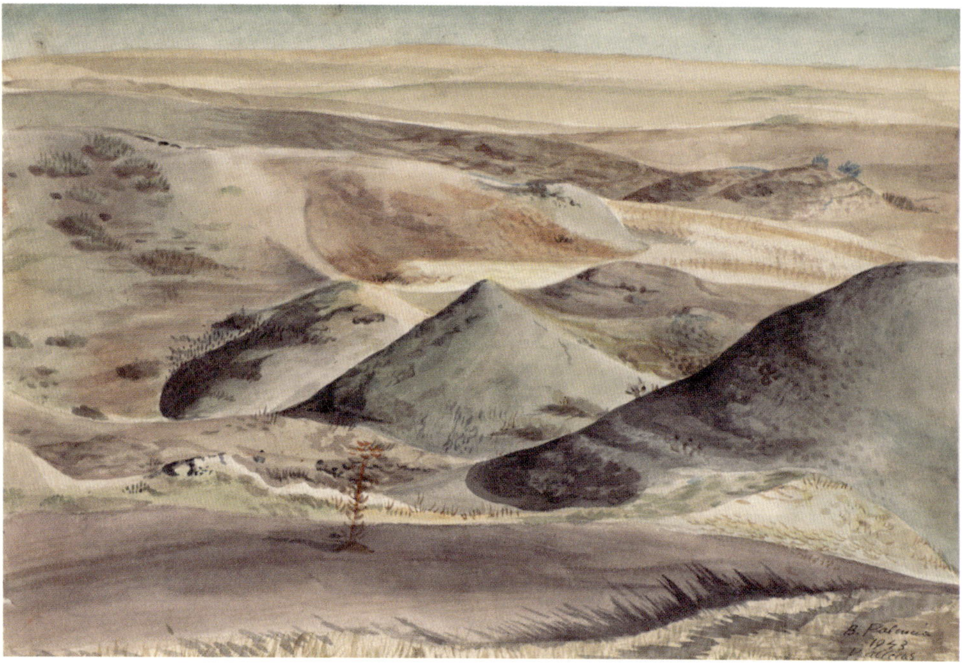

Benjamín Palencia
***Paisaje de Vallecas*, 1943**
Acuarela sobre cartulina, 33 × 41 cm
Watercolour on cardboard, 33 × 41 cm
[Cat. 22]

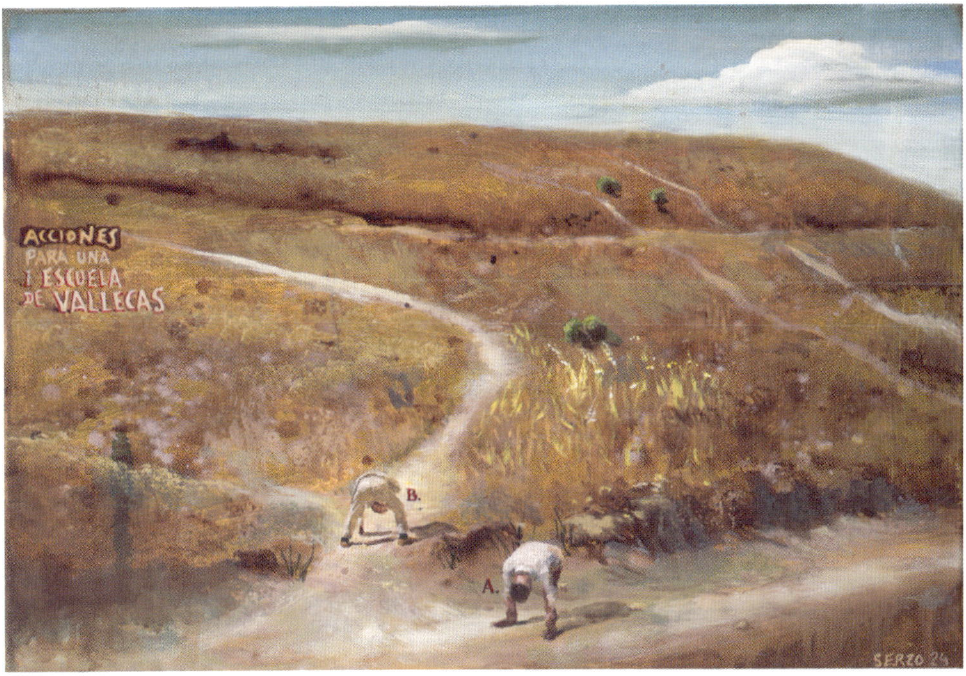

José Luis Serzo
***Benjamín y Alberto en el Cerro Testigo*, 2024**
Óleo sobre tela, 30 × 40 cm
Oil on canvas, 30 × 40 cm
[Cat. 35]

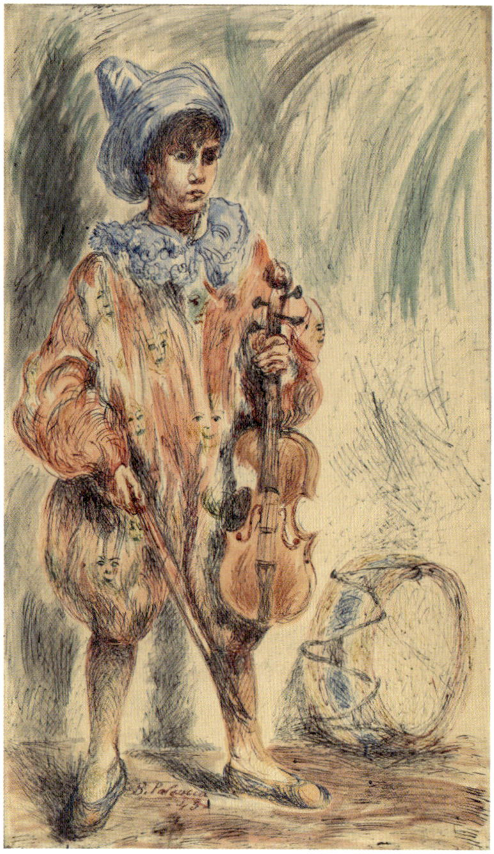

Benjamín Palencia
***Payaso violinista*, 1945**
Tintas de color y acuarela sobre papel, 148 × 88,5 cm
Ink and watercolour on paper, 148 × 88.5 cm
[Cat. 26]

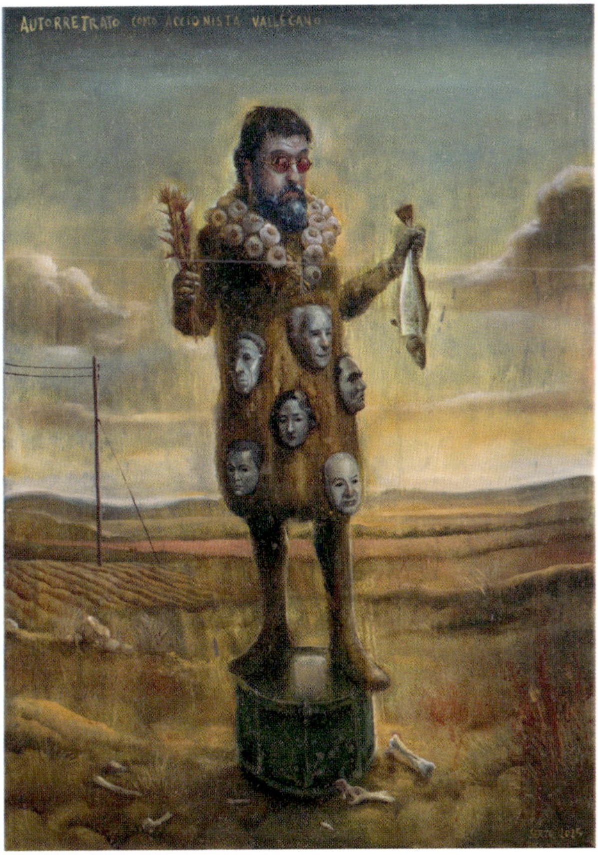

José Luis Serzo
***Autorretrato como artista Vallecano*, 2024**
Óleo sobre tela, 90 × 70 cm
Oil on canvas, 90 × 70 cm
[Cat. 34]

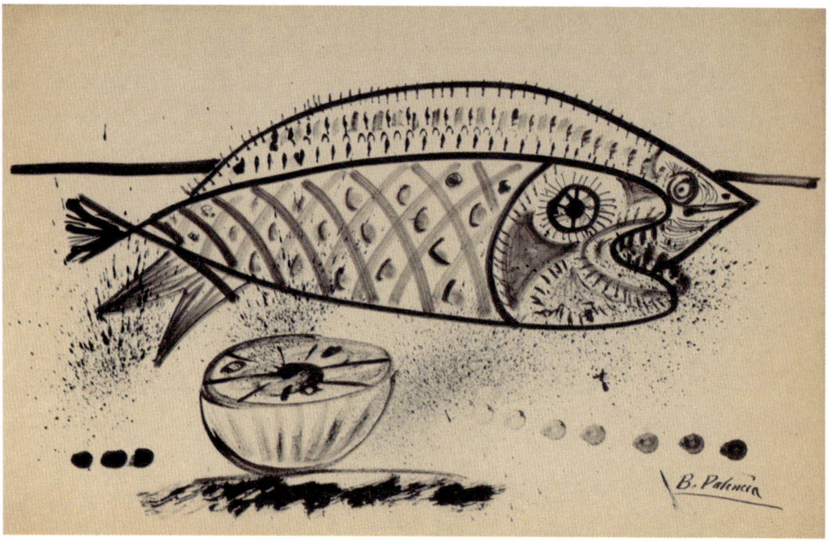

Benjamín Palencia
***Pescados*, c. 1948**
Tinta sobre papel, 27,7 × 44 cm
Ink on paper, 27.7 × 44 cm
[Cat. 28]

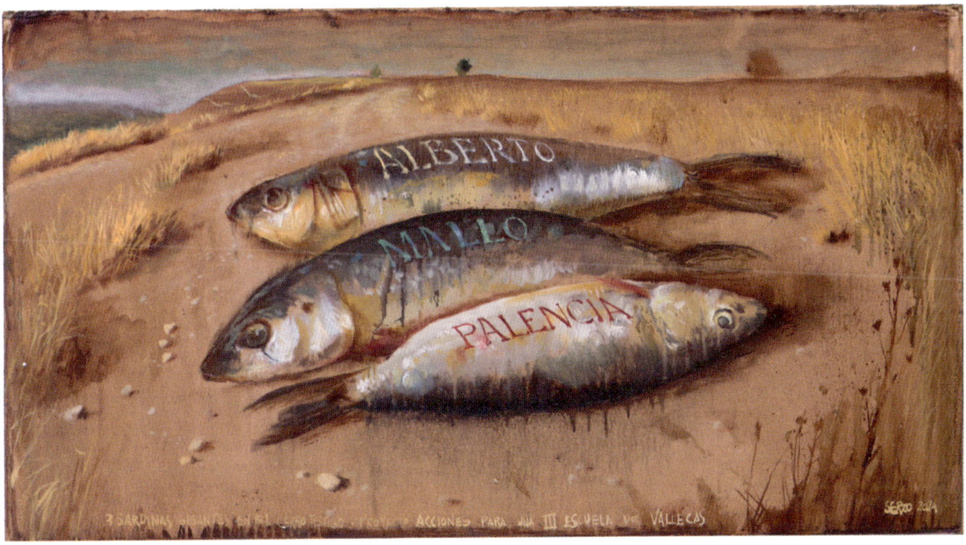

José Luis Serzo
***Tres sardinas gigantes en el Cerro Testigo*, 2024**
Óleo sobre cartón, 41 × 81 cm
Oil on cardboard, 41 × 81 cm
[Cat. 55]

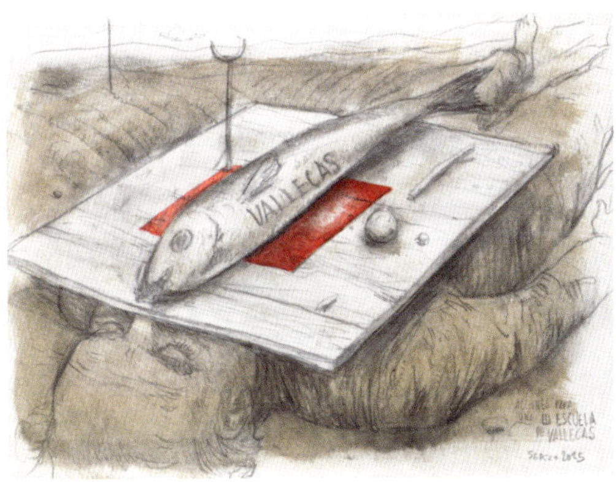

José Luis Serzo
***Ritual en el Cerro Testigo*, 2025**
Lápiz y óleo sobre papel, 21 × 29 cm
Pencil and oil on paper, 21 × 29 cm
[Cat. 72]

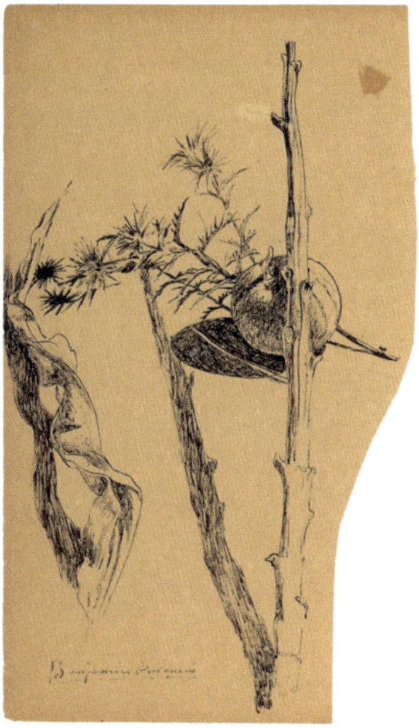

Benjamín Palencia
***Fruto y cardos*, c. 1950**
Tinta sobre papel, 30,5 × 16,5 cm
Watercolour on cardboard, 30.5 × 16.5 cm
[Cat. 29]

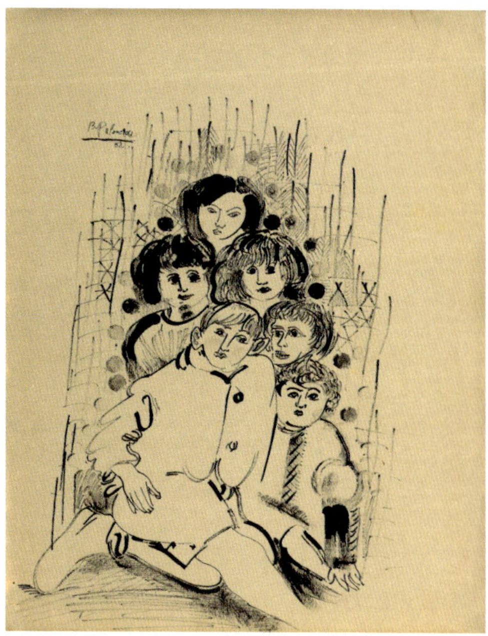

Benjamín Palencia
***Niños*, 1952**
Tinta sobre papel, 47,5 × 34 cm
Ink on paper, 47.5 × 34 cm
[Cat. 30]

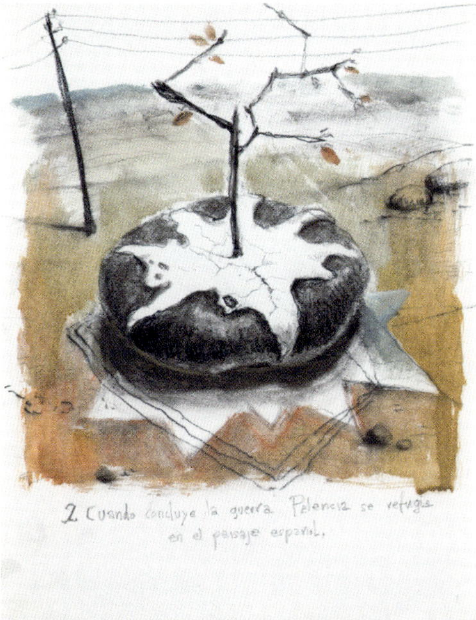

José Luis Serzo
***Cuando concluye la guerra, Palencia se refugia en el paisaje español*, 2025**
Óleo, carbón y lápiz sobre papel, 29 × 21 cm
Oil, charcoal and pencil on paper, 29 × 21 cm
[Cat. 59]

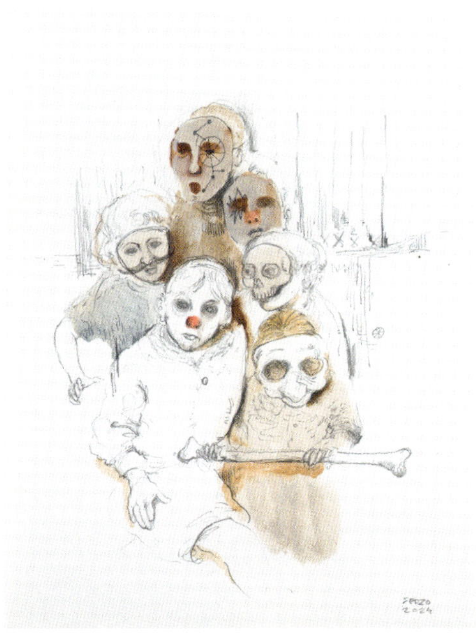

José Luis Serzo
***Niños de Vallecas*, 2024**
Óleo y lápiz sobre papel, 29 × 21 cm
Oil and pencil on paper, 29 × 21 cm
[Cat. 48]

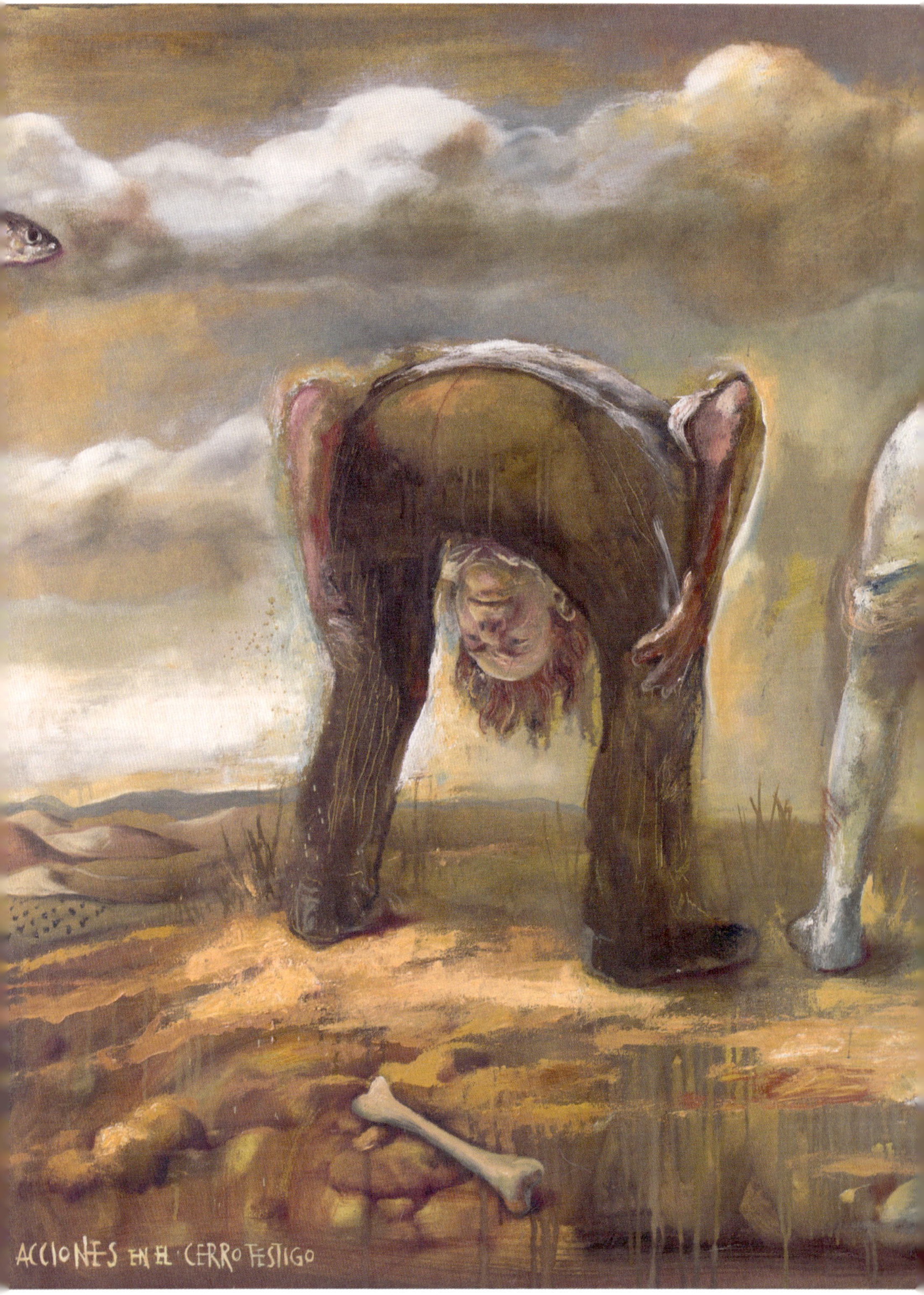
ACCIONES EN EL CERRO TESTIGO

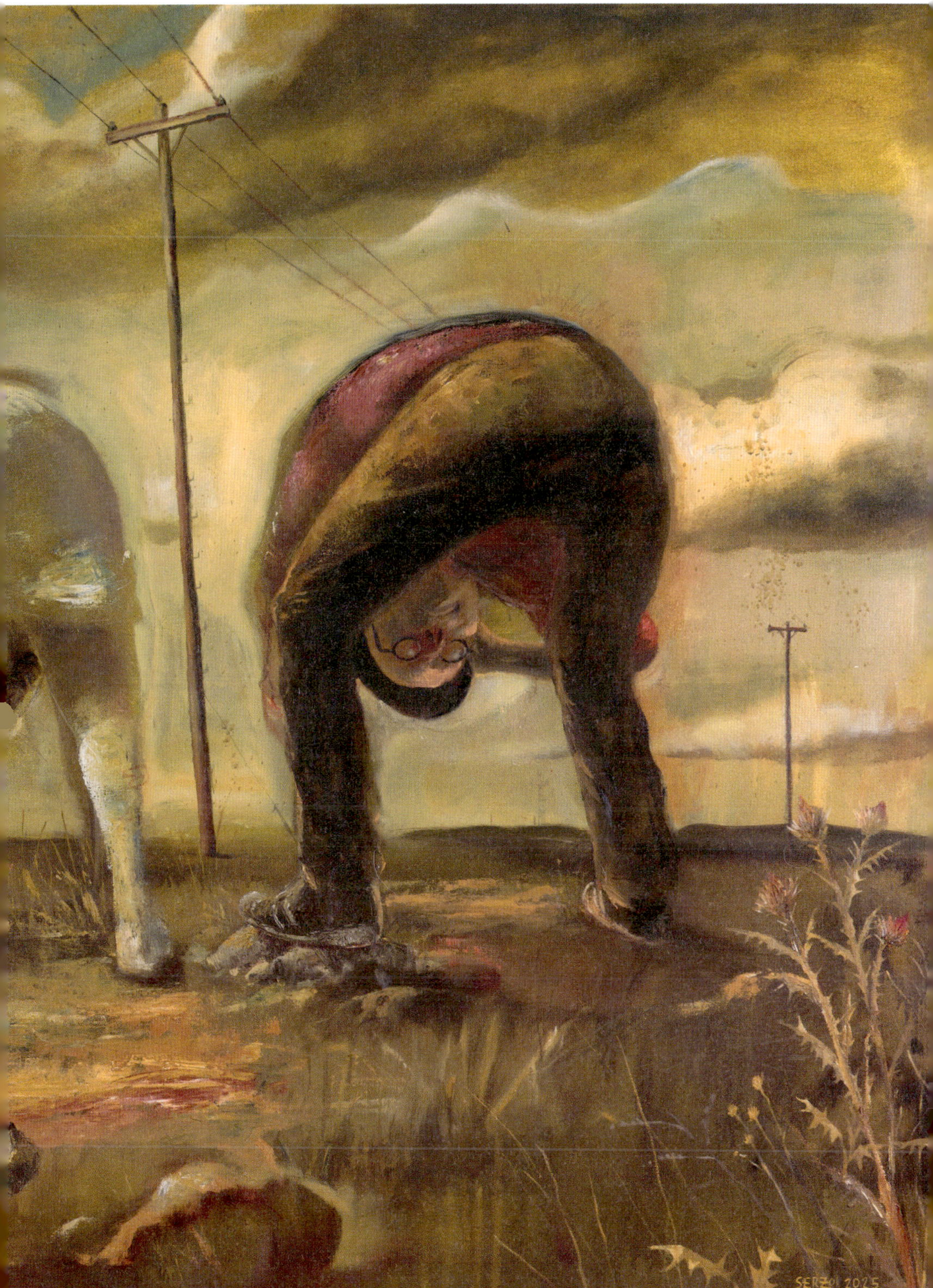
SERZOI 2025

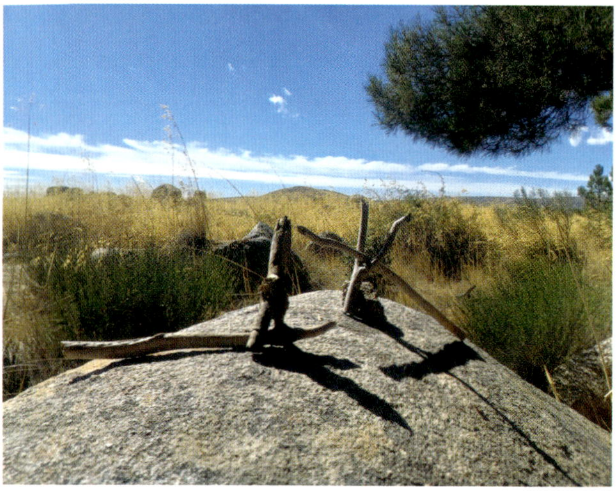

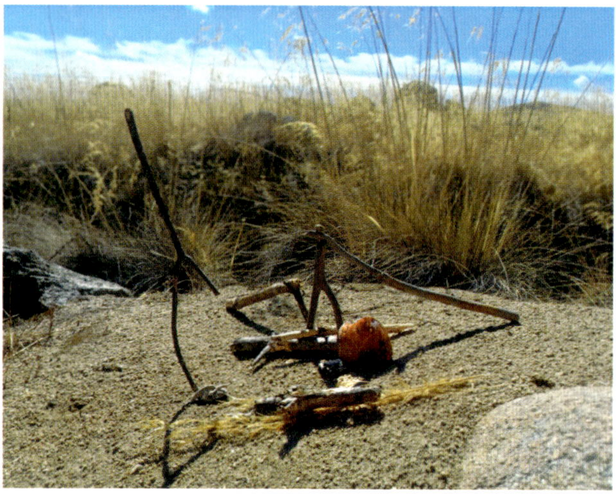

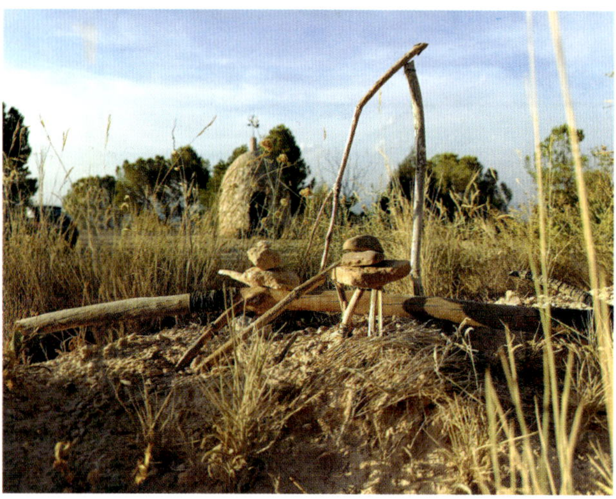

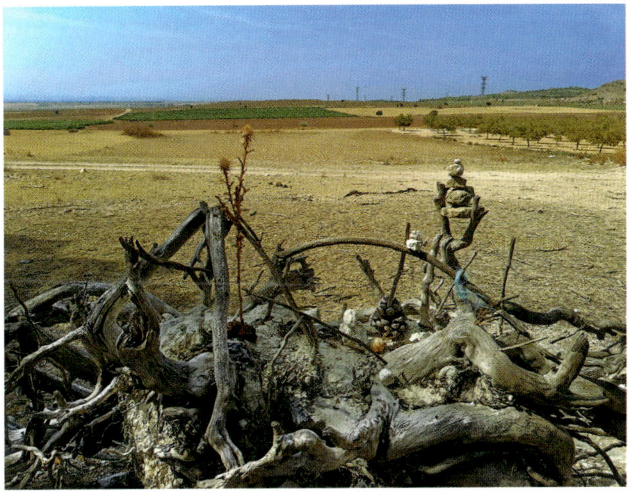

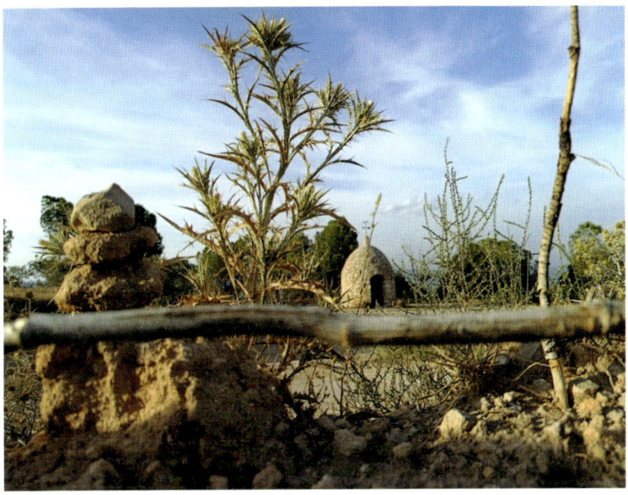

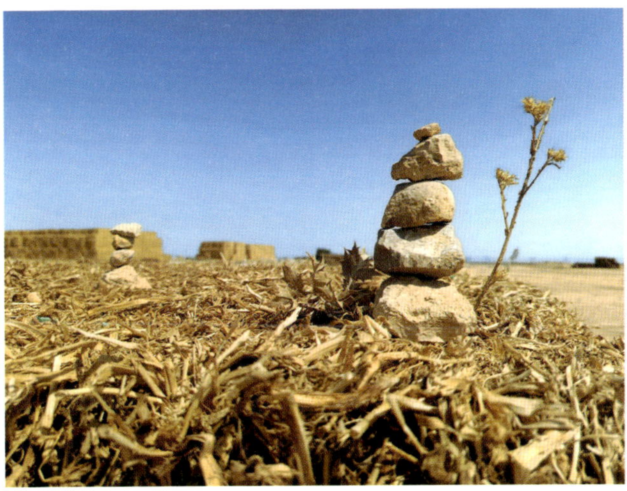

CATALOGACIÓN

OBRAS DE BENJAMÍN PALENCIA

1. Benjamín Palencia, *Cabeza de un mártir*, c. 1916
Óleo sobre tela
Firmado
50 × 50 cm
Exposiciones
- Ciudad Real, Redacción de *El Pueblo Manchego*, «Benjamín Palencia», julio de 1921.
- Madrid, exposición para pintores noveles sin identificar, 1916-1917.
- Madrid, Salón de Exposiciones del Museo de Arte Moderno, «Exposición de Artistas Madrileños y su Provincia», octubre de 1921.

Bibliografía
- El Caballero del Libro Amarillo, «Benjamín Palencia», *El Pueblo Manchego Suplemento Ilustrado*, 16 de julio de 1921, s. p. (reprod.).
- Madrid, Salón de Exposiciones del Museo de Arte Moderno, «Exposición de Artistas Madrileños y su Provincia», octubre de 1921, cat. núm. 116.
- Archivo Benjamín Palencia, «Benjamín Palencia. Catálogo Razonado de Óleos, Volumen 1: 1915-1928», 2025, núm. 9, págs. 26-27 (reprod.).

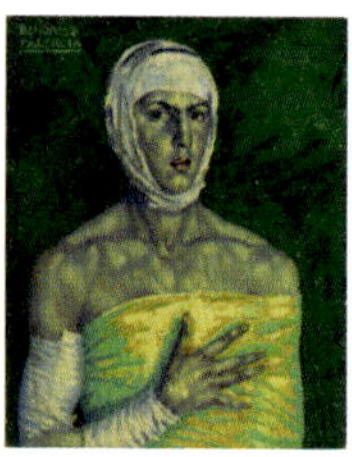

2. Benjamín Palencia, *Joven herido*, c. 1917-1920
Óleo sobre cartón
Firmado
61 × 50 cm
Bibliografía
- Archivo Benjamín Palencia, «Benjamín Palencia. Catálogo Razonado de Óleos, Volumen 1», 2025, núm. 20, pág. 48 (reprod.).

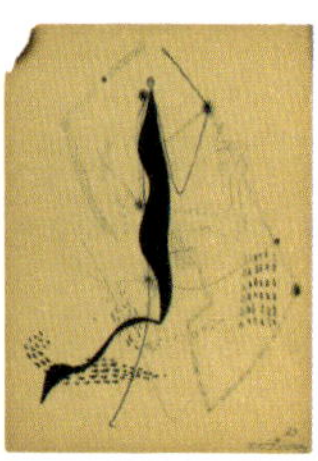

3. Benjamín Palencia, *Composición*, 1929
Tinta sobre papel
Firmado y fechado
27,8 × 22 cm
*Quemado en el incendio producido por un obús en su casa-estudio al comienzo de la Guerra Civil.

4. Benjamín Palencia, *Tres figuras*, c. 1930
Tinta sobre papel
27,8 × 22 cm

5. Benjamín Palencia, *Árbol herido*, c. 1930
Tinta sobre papel
Firmado
50 × 65 cm
*En el dorso hay bocetos; lápiz sobre papel.

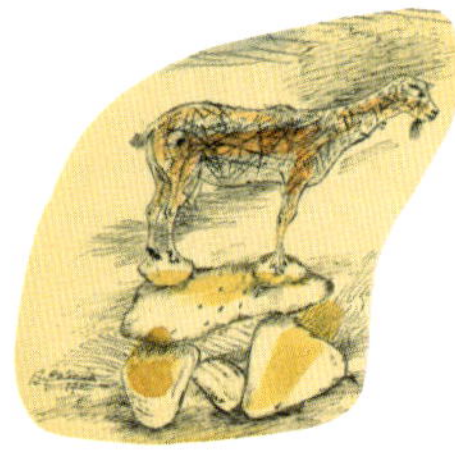

6. Benjamín Palencia, *Cabra sobre rocas*, c. 1930-1931
Tinta y acuarela sobre papel
Fechado 197, pero posiblemente fue realizado hacia 1930-1931
25 × 17,5 cm (irregular)

7. Benjamín Palencia, *Arquitectura sensible*, 1931
Óleo y tierra sobre tela
Firmado y fechado
54 × 72 cm
Exposiciones
- Lisboa, Sociedade Nacional de Belas Artes, «Benjamín Palencia. Vanguarda Espanhola Anos 30», 18 de octubre-16 de noviembre de 2019.
- León, Fundación Cerezales Antonio y Cinia, «Qué se ve desde aquí», 24 de abril-31 de julio de 2002.

Bibliografía
- Fundación Bienal de São Paulo, «33» (cat. exp.), Ministerio de Cultura, São Paulo, 2018, pág. 32 (reprod.).
- Archivo Benjamín Palencia, «Benjamín Palencia. Catálogo Razonado de Óleos, Volumen 2: 1929-1939», 2025, núm. 216, págs. 110-111 (reprod.).

8. Benjamín Palencia, *Artilugios*, c. 1930-1933
Tinta sobre papel
26,5 × 20,5 cm

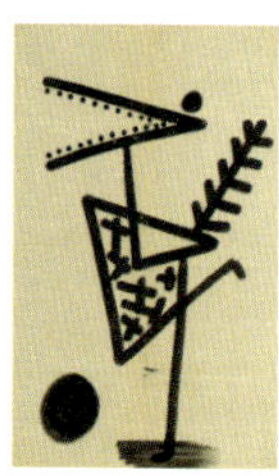

9. Benjamín Palencia, *Figura*, c. 1930-1933
Tinta a pincel sobre papel
43 × 26,5 cm

10. Benjamín Palencia, *Paisaje surrealista*, c. 1930-1933
Tinta sobre papel
26,8 × 19,3 cm

11. Benjamín Palencia, *Mirando el paisaje*, 1932
Tinta sobre papel
Firmado y fechado
30 × 24 cm

12. Benjamín Palencia, *Paisaje de la luna*, 1932
Óleo, tierra y *collage* vegetal sobre tela
Firmado y fechado
72 × 92 cm
Exposiciones
- Valencia, Centre Cultural Bancaixa (itinerante), «Benjamín Palencia y el Arte Nuevo. Obras 1919-1936», 19 de septiembre-31 de octubre de 1994.
- Pamplona, Castillo de Maya, «Benjamín Palencia», octubre-noviembre de 1997.
- Jaén, Real Sociedad Económica de Amigos del País (itinerante), «Benjamín Palencia», noviembre-diciembre de 1999.
- Toledo, Museo de Santa Cruz, «Benjamín Palencia 1894-1980», 29 de marzo-21 de agosto de 2011.
- Burgos, Centro Cultural Casa del Cordón, «Benjamín Palencia de principio a fin», 1 de febrero-29 de abril de 2018.
- Lisboa, Sociedade Nacional de Belas Artes, «Benjamín Palencia. Vanguarda Espanhola Anos 30», 16 de octubre-24 de noviembre de 2013.

Bibliografía
- Archivo Benjamín Palencia, «Benjamín Palencia. Catálogo Razonado de Óleos, Volumen 2: 1929-1939», 2025, núm. 229, págs. 148-149 (reprod.).
- Caja de Ahorros de Navarra, «Benjamín Palencia» (cat.exp.), Santander, 1997, pág. 23 (reprod.).
- Fundación Unicaja, «Benjamín Palencia» (cat. exp.), Santander, 1999, pág. 33 (reprod.).
- Caja de Ahorros de Murcia, «Benjamín Palencia» (cat. exp.), Santander, 2000, pág. 55 (reprod.).
- Fundación Caja de Burgos, «Benjamín Palencia de principio a fin» (cat. exp.), 2017, pág. 107 (reprod.).
- Valencia, Bancaixa obra social y cultural. «Benjamín Palencia y el Arte Nuevo. Obras 1919-1936 (cat. exp.), 1994, s. p., lám. 41 (reprod.).
- Corredor-Matheos, José. «*Vida y obra de Benjamín Palencia*», Espasa Calpe, Madrid, 1979, pág. 81 (reprod.).
- Ayuntamiento de Madrid, «La Escuela de Vallecas. Mito y realidad. Una poética de la emoción y lo telúrico» (cat. exp.), Madrid, 2013, pág. 33 (reprod.).

13. Benjamín Palencia, *Figuras surrealistas*, 1933
Tinta sobre papel
44 × 27,9 cm
Exposiciones
- Vigo, Marco, «A profundidade esencial da terra. Benjamín Palencia, Manuel Colmeiro e o surrealismo dos anos trinta», 27 de septiembre de 2024-5 de enero de 2025

Bibliografía
- Fundación Marco, «A profundidade esencial da terra. Benjamín Palencia, Manuel Colmeiro e o surrealismo dos anos trinta» (cat. exp.), Vigo, 2024, pág. 51.

14. Benjamín Palencia, *Sin título*, 1933
Tinta sobre papel
Firmado y fechado
44 × 28 cm

15. Benjamín Palencia, *Refugio y uvas*, c. 1933
Tinta sobre papel
Firmado
19,6 × 23 cm

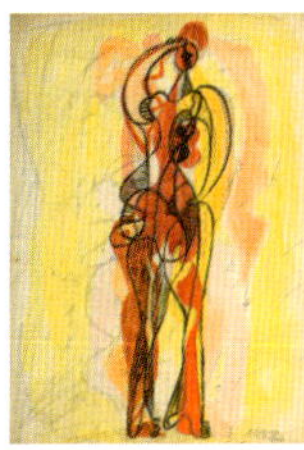

16. Benjamín Palencia, *Figura de pie*, 1934
Lápiz, tinta y acuarela sobre papel
Firmado y fechado
(Fechado erróneamente por el artista en 1944)
Dorso: *Fósiles*, c. 1933
Firmado y fechado
78 × 54 cm

17. Benjamín Palencia, *Figuras en el paisaje*, 1934
Tinta sobre papel
Firmado y fechado
21 × 27,5 cm
*Quemado en el incendio producido por un obús en su casa estudio al comienzo de la Guerra Civil.
Exposiciones
- Vigo, Marco, «A profundidade esencial da terra. Benjamín Palencia, Manuel Colmeiro e o surrealismo dos anos trinta», 27 de septiembre de 2024-5 de enero de 2025.

Bibliografía
- Fundación Marco, «A profundidade esencial da terra. Benjamín Palencia, Manuel Colmeiro e o surrealismo dos anos trinta» (cat. exp.), Vigo, 2024, pág. 75.

18. Benjamín Palencia, *Carro y mulas*, 1940
Tinta sobre papel
Firmado y fechado
55 × 76 cm
Exposiciones

- Albacete, Centro Cultural La Asunción, «Benjamín Palencia, obra sobre papel», 2 de septiembre-2 de octubre de 2021.

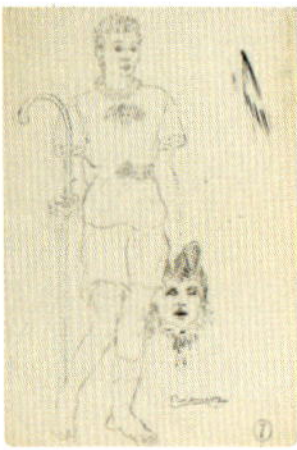

19. Benjamín Palencia, *David*, c. 1940
Tinta sobre papel
Firmado
31,7 × 22 cm

20. Benjamín Palencia, *Paisaje con figuras*, c. 1940-1941
Óleo sobre tela
Firmado
64 × 91 cm
Exposiciones

- Burgos, Cultural Cordón, «Benjamín Palencia de principio a fin», 1 de febrero-29 de abril de 2018.

Bibliografía

- Caja de Burgos, «Benjamín Palencia de principio a fin», Burgos, 2018, pág. 125 (reprod.).

21. Benjamín Palencia, *Virgen del Páramo (Vallecas)*, 1942
Temple sobre cartón
Firmado
64 × 80 cm
Exposiciones

- Barcelona, Galerías Layetanas, «Benjamín Palencia», 8-28 de enero de 1949.
- Pamplona, Centro de Cultura Castillo de Maya, «Benjamín Palencia», octubre-noviembre de 1997.
- Burgos, Cultural Cordón, «Benjamín Palencia de principio a fin», 1 de febrero-29 de abril de 2018.

Bibliografía

- Caja de Ahorros de Navarra, «Benjamín Palencia» (cat. exp.), Santander, 1997, pág. 31 (reprod.).
- Caja de Burgos, «Benjamín Palencia de principio a fin» (cat. exp.), Burgos, 2018, pág. 137 (reprod.).
- Corredor-Matheos, José. «*Vida y obra de Benjamín Palencia*» Espasa Calpe, Madrid, 1979, pág. 115 (reprod.).
- Faraldo, R. D., «Benjamín Palencia» (cat. exp.), Galerías Layetanas, Barcelona, 1949, cat. núm. 9, lám. 9 (reprod.).

22. Benjamín Palencia, *Paisaje de Vallecas*, 1943
Acuarela sobre cartulina
Firmado y fechado
33 × 41 cm
Exposiciones

- Albacete, Centro Cultural La Asunción, «Benjamín Palencia, obra sobre papel», 2 de septiembre-2 de octubre de 2021.
- Museo Nacional de Arte Reina Sofía, Madrid, «Campo cerrado. Arte y poder en la posguerra española 1939-1953», 2016.

Bibliografía

- Diputación de Albacete, «Benjamín Palencia, obra sobre papel (cat. exp.), Albacete, 2021 (reprod.).
- Museo Nacional de Arte Reina Sofía, «Campo cerrado. Arte y poder en la posguerra española 1939-1953», Madrid, 2016 (reprod.).

23. Benjamín Palencia, *Paisaje de Vallecas*, 1943
Acuarela sobre cartulina
Firmado y fechado
32 × 39,5
Exposiciones

- Albacete, Centro Cultural La Asunción, «Benjamín Palencia, obra sobre papel», 2 de septiembre-2 de octubre de 2021.
- Museo Nacional de Arte Reina Sofía, Madrid, «Campo cerrado. Arte y poder en la posguerra española 1939-1953», 2016.

Bibliografía

- Diputación de Albacete, «Benjamín Palencia, obra sobre papel (cat. exp.), Albacete, 2021 (reprod.).
- Museo Nacional de Arte Reina Sofía, «Campo cerrado. Arte y poder en la posguerra española 1939-1953», Madrid, 2016 (reprod.).

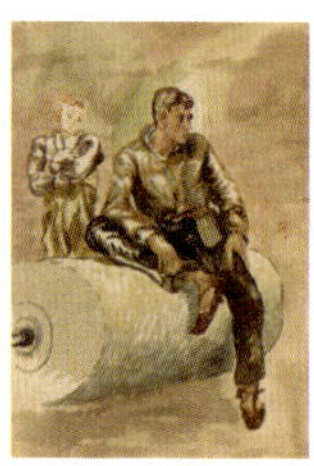

24. Benjamín Palencia, *Dos muchachos de Vallecas*, c. 1943-1944
Acuarela sobre papel
36 × 25 cm
Exposiciones

- Burgos, Cultural Cordón, «Benjamín Palencia de principio a fin», 1 de febrero-29 de abril de 2018.

Bibliografía

- Caja de Burgos, «Benjamín Palencia de principio a fin», Burgos, pág. 131 (reprod.).

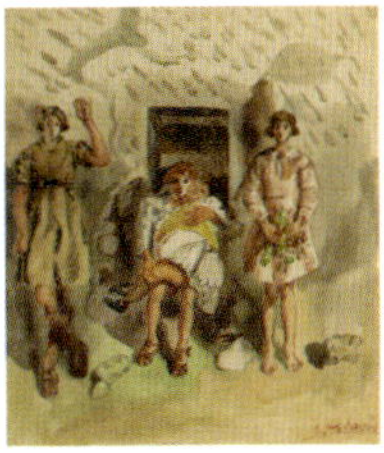

25. Benjamín Palencia, *Muchachas de Vallecas*, c. 1943
Acuarela sobre papel
Firmado
41,5 × 36 cm

26. Benjamín Palencia, *Payaso violinista*, 1945
Tintas de colores sobre papel
Firmado y fechado
148 × 88,5 cm

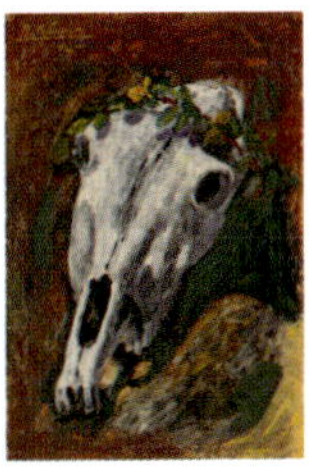

27. Benjamín Palencia, *El cráneo de Rocinante*, 1946
Óleo sobre cartón
Firmado y fechado
66 × 45 cm

28. Benjamín Palencia, *Pescados*, c. 1948
Tinta sobre papel
Firmado
27,7 × 44 cm

29. Benjamín Palencia, *Fruto y cardos*, c. 1950
Tinta sobre papel
Firmado
30,5 × 16,5 cm (irregular)

30. Benjamín Palencia, *Niños*, 1952
Tinta sobre papel
Firmado y fechado
47,5 × 34 cm

OBRAS DE JOSÉ LUIS SERZO

31. José Luis Serzo, *Accionista vallecano*, 2024
Óleo sobre tela
Firmado, fechado y titulado
38 × 56 cm

32. José Luis Serzo, *Alberto en el Cerro Testigo*, 2024
Óleo sobre tela
Firmado, fechado y titulado
38 × 56

33. José Luis Serzo, *Alberto, Palencia y Mallo en el Cerro Testigo*, 2024
Óleo sobre tela
Firmado, fechado y titulado
40 × 30 cm

34. José Luis Serzo, *Autorretrato como artista Vallecano*, 2024
Óleo sobre tela
Firmado, fechado y titulado
90 × 70 cm

35. José Luis Serzo, *Benjamín y Alberto en el Cerro Testigo*, 2024
Óleo sobre tela
Firmado, fechado y titulado
30 × 40 cm

36. José Luis Serzo, *Cardos sagrados*, 2024
Óleo sobre tela
Firmado, fechado y titulado
40 × 30 cm

37. José Luis Serzo, *¿Dónde estás, Alberto?*, 2024
Óleo sobre tabla
Firmado, fechado y titulado
43 × 72 cm

38. José Luis Serzo, *El equilibrio de la sardina*, 2024
Óleo sobre tela
Firmado, fechado y titulado
61 × 50 cm

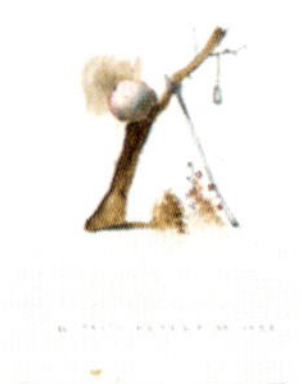

39. José Luis Serzo, *El fruto pétreo de 1930*, 2024
Óleo y lápiz sobre papel
Firmado, fechado y titulado
29 × 21 cm

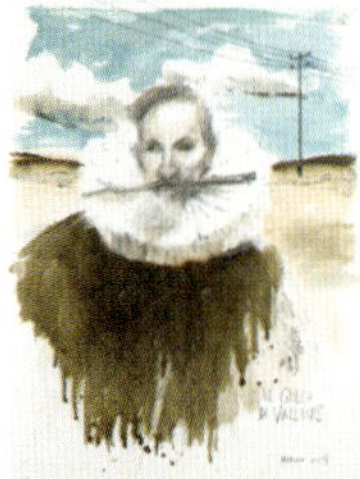

40. José Luis Serzo, *El Greco de Vallecas*, 2024
Óleo y lápiz sobre papel
Firmado, fechado y titulado
29 × 21 cm

41. José Luis Serzo, *Escena Vallecana*, 2024
Óleo sobre tabla
Firmado, fechado y titulado
46 × 30 cm

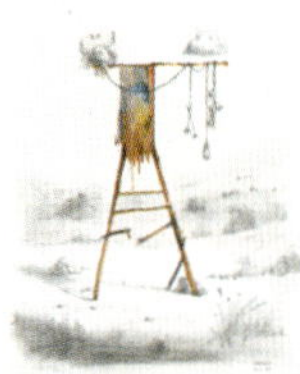

42. José Luis Serzo, *Estructura ibérica*, 2024
Óleo y lápiz sobre papel
Firmado, fechado y titulado
29 × 21 cm

43. José Luis Serzo, *Estudio para una escenografía. Árbol herido*, 2024
Óleo sobre cartón
Firmado, fechado y titulado
52 × 41,5 cm

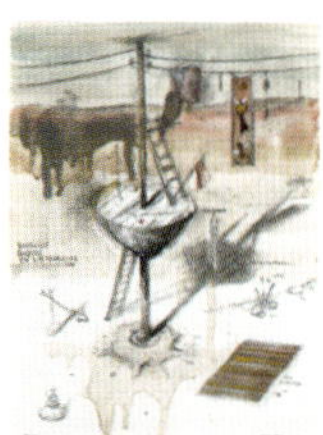

44 . José Luis Serzo, *Extraños sucesos en La Mancha*, 2024
Óleo, carbón y lápiz sobre papel
Firmado, fechado y titulado
29 × 21 cm

45. José Luis Serzo, *Juego de equilibrio después de Palencia*, 2024
Carbón, lápiz y óleo sobre papel
Firmado, fechado y titulado
29 × 21 cm

46. José Luis Serzo, *Lámpara, flores y ajos para una III Escuela de Vallecas*, 2024
Óleo sobre cartón
Firmado, fechado y titulado
29,5 × 40 cm

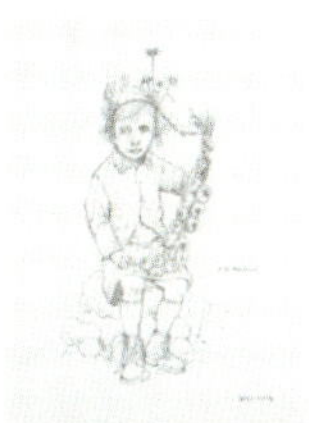

47. José Luis Serzo, *Niña vallecana pensativa*, 2024
Lápiz sobre papel
Firmado, fechado y titulado
29 × 21 cm

48. José Luis Serzo, *Niños de Vallecas*, 2024
Óleo y lápiz sobre papel
Firmado, fechado y titulado
29 × 21 cm

49. José Luis Serzo, *Paisaje vallecano con verdes*, 2024
Óleo sobre tela
Firmado, fechado y titulado
70 × 90 cm

50. José Luis Serzo, *Proyecto Acciones para una III Escuela de Vallecas*, 2024
Óleo, carbón y lápiz sobre papel
Firmado, fechado y titulado
29 × 21 cm

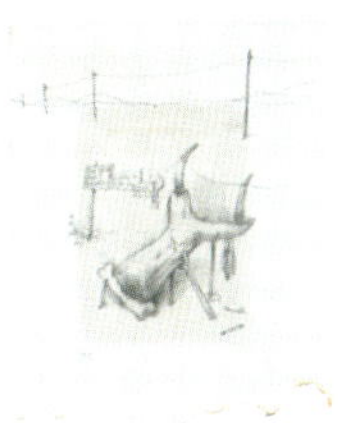

51. José Luis Serzo, *¿Qué hubiera pasado?*, 2024
Óleo y lápiz sobre papel quemado
Firmado, fechado y titulado
26 × 21 cm

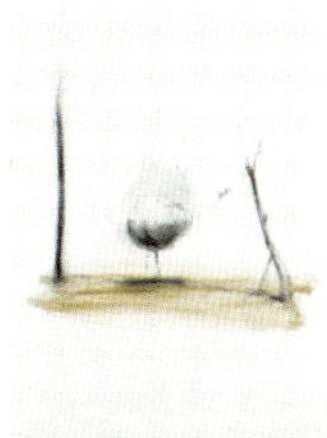

52. José Luis Serzo, *Sin título*, 2024
Óleo, carbón y lápiz sobre papel
Firmado, fechado, y titulado
29 × 21 cm

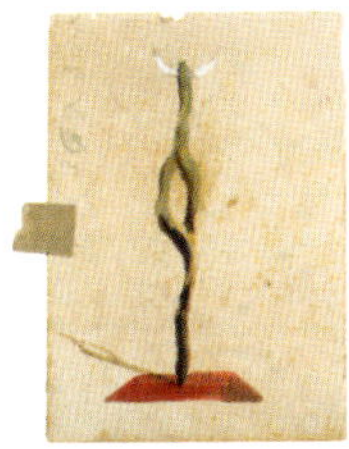

53. José Luis Serzo, *Sin título*, 2024
Óleo, carbón y lápiz sobre papel
18,5 × 13 cm

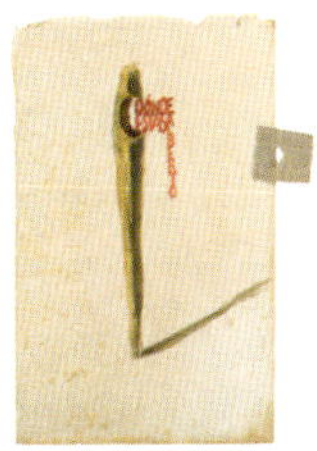

54. José Luis Serzo, *Sin título*, 2024
Óleo, carbón y lápiz sobre papel
Firmado
18,5 × 13 cm

55. José Luis Serzo, *Tres sardinas gigantes en el Cerro Testigo*, 2024
Óleo sobre cartón
Firmado y fechado
41 × 81 cm

56. José Luis Serzo, *Visiones en el Cerro Testigo*, 2024
Óleo sobre tela
Firmado, fechado y titulado
100 × 100 cm

57. José Luis Serzo, *Acciones en el Cerro Testigo*, 2025
Óleo sobre tela
Firmado, fechado y titulado
100 × 160 cm

58. José Luis Serzo, *Acciones en el Cerro Testigo con toro rosa y sardina*, 2025
Óleo sobre tabla
Firmado, fechado y titulado
40 × 80 cm

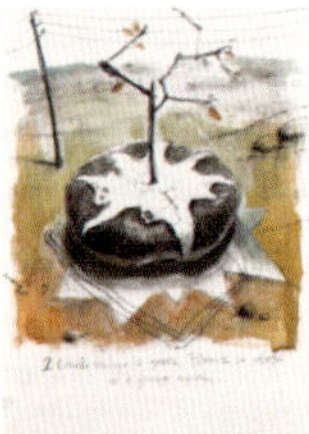

59. José Luis Serzo, *Cuando concluye la guerra, Palencia se refugia en el paisaje español*, 2025
Óleo, carbón y lápiz sobre papel
Firmado, fechado y titulado
29 × 21 cm

60. José Luis Serzo, *¿Dónde estás, Alberto?*, 2025
Madera y óleo
Firmado, fechado y titulado
23 × 26 × 9 cm

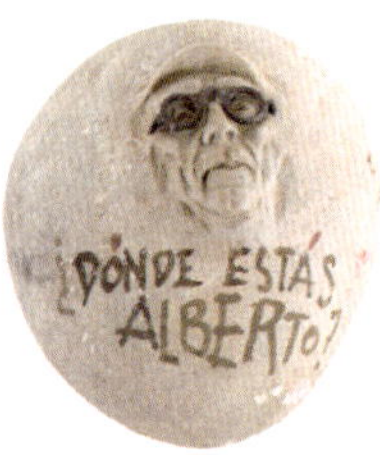

61. José Luis Serzo, *¿Dónde estás, Alberto?*, 2025
Masilla y óleo sobre piedra
Firmado y titulado
10 × 10 × 9 cm

62. José Luis Serzo, *¿Dónde estás, Alberto?*, 2025
Óleo sobre acetato, masilla y madera
Firmado, fechado y titulado
80 × 20 cm

63. José Luis Serzo, *Equilibrio melancólico en el Cerro Testigo*, 2025
Óleo y lápiz sobre papel
Firmado, fechado y titulado
28 × 21 cm

64. José Luis Serzo, *Equilibrio precario en el Cerro Testigo*, 2025
Óleo sobre papel sobre tabla
Firmado, fechado y titulado
21,5 × 28,7 cm

65. José Luis Serzo, *Escenografía en Cerro Testigo*, 2025
Óleo sobre tabla
Firmado, fechado y titulado
32 × 38 cm

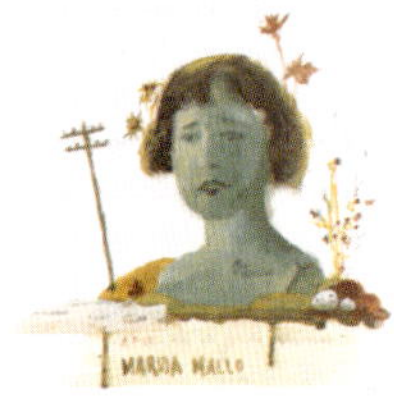

66. José Luis Serzo, *Estudio para una artista vallecana*, 2025
Técnica mixta sobre papel
Firmado, fechado y titulado
30 × 30 cm

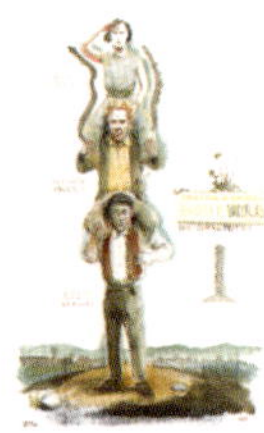

67. José Luis Serzo, *Estudio para un monumento a la Escuela de Vallecas*, 2025
Acuarela, tinta, carbón y *collage* sobre papel
Firmado, fechado y titulado
60,5 × 38 cm

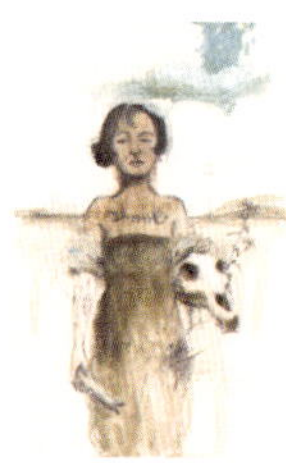

68. José Luis Serzo, *Mallo como accionista vallecana*, 2025
Óleo y lápiz sobre papel
Firmado, fechado y titulado
22 × 15 cm

69. José Luis Serzo, *Naturaleza muerta en el Cerro Testigo*, 2025
Óleo sobre tabla
Firmado, fechado y titulado
29 × 40 cm

70. José Luis Serzo, *Proyecto, acciones y escenas para una III Escuela de Vallecas*, 2025
Técnica mixta sobre madera
Firmado, fechado y titulado
95 × 122,5 cm

71. José Luis Serzo, *Proyecto para un paisaje de extrarradio*, 2025
Madera, masilla y óleo sobre tabla
Firmado, fechado y titulado
50 × 110 × 30 cm

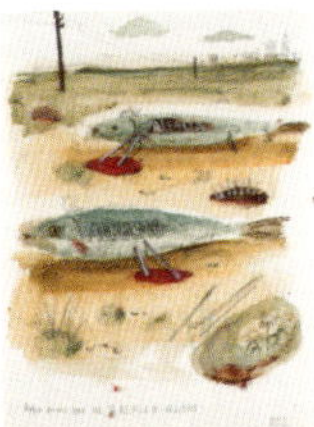

72. José Luis Serzo, *Ritual en el Cerro Testigo*, 2025
Lápiz y óleo sobre papel
Firmado, fechado y titulado
21 × 29 cm

73. José Luis Serzo, *Un chozo para Alberto*, 2025
Óleo y lápiz sobre papel
Firmado, fechado y titulado
65 × 47,5 cm

74. José Luis Serzo, *Visiones para una III Escuela de Vallecas*, 2025
Óleo sobre tabla
Firmado, fechado y titulado
58 × 80 cm

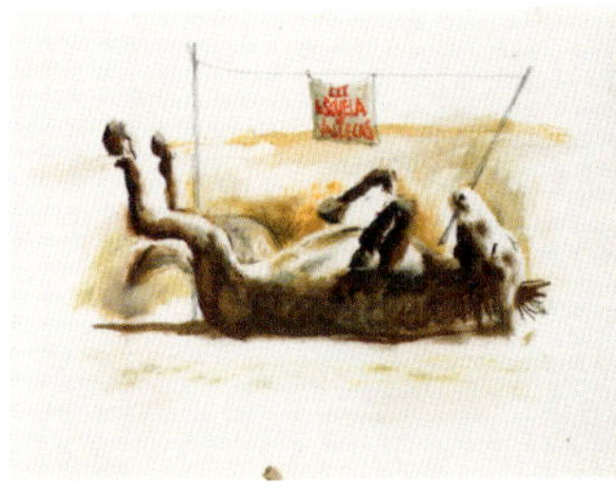

75. José Luis Serzo, *III Escuela de Vallecas*, 2025
Óleo, carbón y lápiz sobre papel
Firmado, fechado y titulado
29 × 21 cm

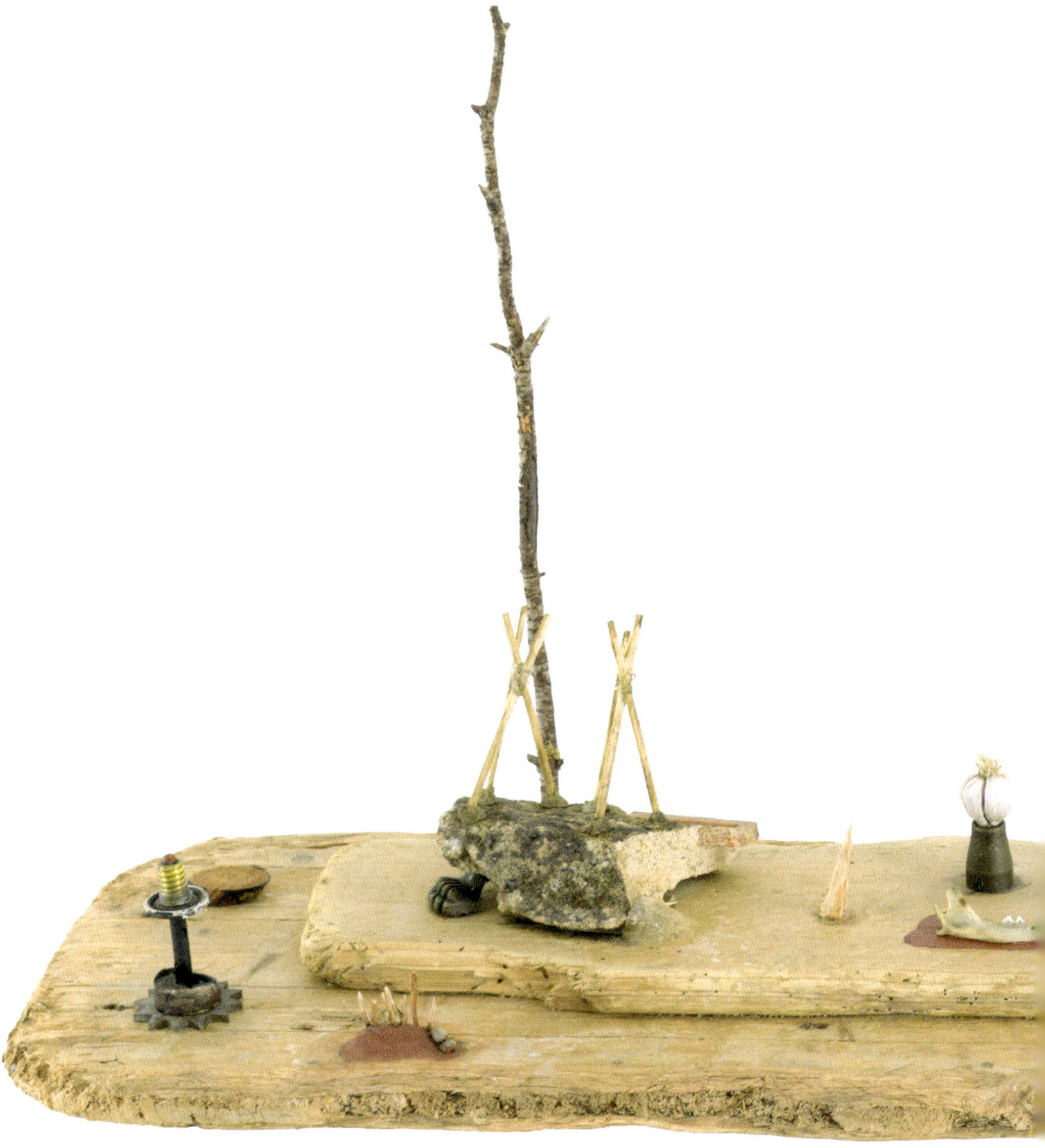

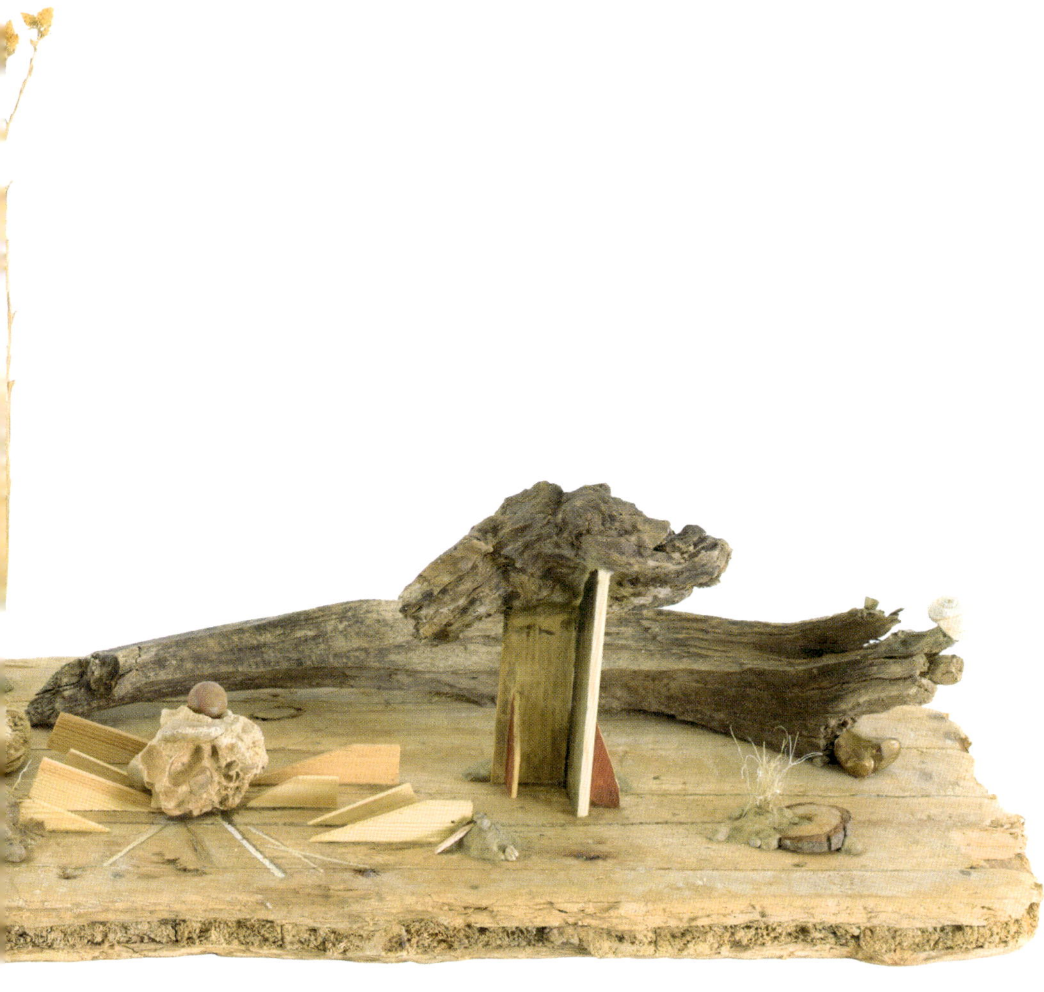

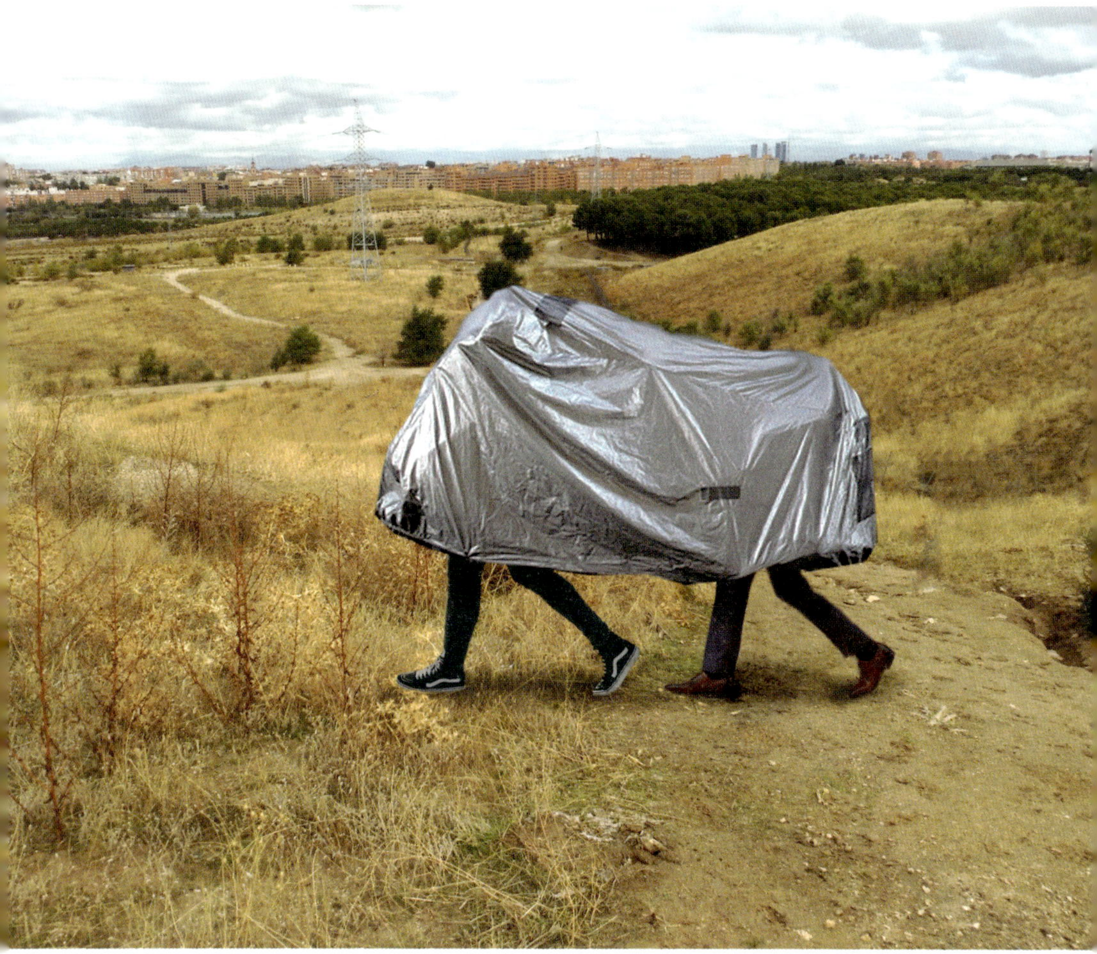

BIOGRAFÍAS
BIOGRAPHIES

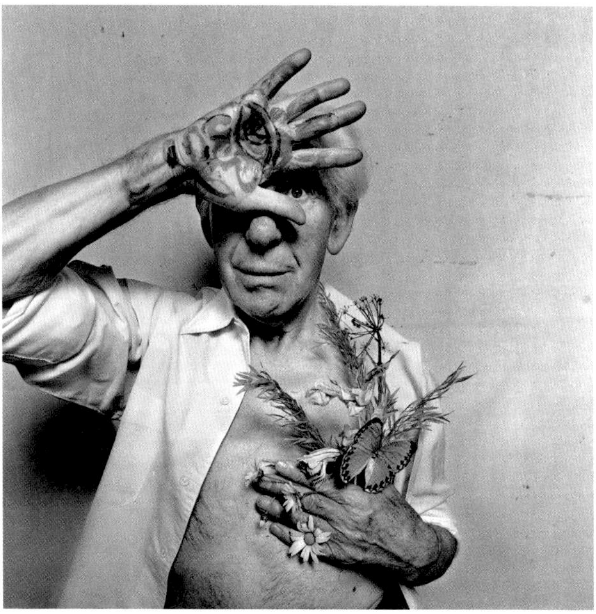

BENJAMÍN PALENCIA

Benjamín Palencia (Barrax, Albacete, 1894-Madrid, 1980) fue un pintor español y figura destacada de la vanguardia artística española en los años veinte y treinta del siglo XX, así como renovador de la pintura de paisaje en la segunda mitad de ese siglo.

Autodidacta, Palencia comenzó su formación artística en Madrid en torno a 1915 como copista en el Museo del Prado —Velázquez, Goya y, sobre todo, el Greco— y siguiendo el estilo de otros destacados pintores españoles del momento —el impresionismo de Regoyo, la influencia cubista de Vázquez Díaz, y Solana, salvando lo «negro» de este artista, que no encajaba con la personalidad de Palencia—.

En 1917, uno de sus cuadros en una exposición de jóvenes pintores madrileños, *Homenaje a Larra*, atrajo la atención de Juan Ramón Jiménez, que lo tomó bajo su protección y lo introdujo en los círculos literarios y artísticos de Madrid. Fue también amigo de algunos de los poetas agrupados en torno a la generación del 27: García Lorca, Rafael Alberti, Miguel Hernández. Con García Lorca colaboró en su grupo de teatro universitario, La Barraca; Palencia diseñó el emblema del grupo y los figurines y decorados para el montaje de La Barraca de *La vida es sueño* de Calderón de la Barca.

Junto con el escultor Alberto, al que había conocido en la Exposición de los Artistas Ibéricos (1925), fundó la que posteriormente se denominaría Escuela de Vallecas con la intención de luchar por el Arte Nuevo desde España. Su idea era el arte puro desprovisto de todo artificio. Desarrollaron una nueva visión del paisaje de Castilla, con innovaciones técnicas, como el uso de materiales nuevos —arenas, cenizas, hojas— que retomarían posteriormente algunos de los informalistas españoles de la segunda mitad del siglo XX. Las obras de este periodo muestran también una gran influencia del surrealismo, algo que resultaba evidente en su exposición parisina de 1933 en la Galerie Pierre.

Siempre interesado en todo lo novedoso, Palencia fue un estrecho colaborador de Joaquín Torres-García durante la breve estancia de este en España en 1933, formando parte del Grupo de Arte Constructivo.

Hacia el final de la guerra civil española se le presentó la posibilidad de exiliarse a través del puerto de Valencia, pero Palencia decidió quedarse en España. Tras la guerra, aislado artísticamente —sus amigos estaban muertos, en el exilio o en la cárcel— intentó recrear la Escuela de Vallecas con un grupo de jóvenes pintores que veían en él un nexo con el ambiente artístico anterior a la guerra. No funcionó y se refugió en un pueblo de Ávila. Aquí se reencontró con el paisaje como fuente de inspiración, si bien el tratamiento era ahora muy diferente al de su época prebélica. Al estilo naturalista inicial, que le valió una Primera Medalla en la Exposición Nacional de Bellas Artes de 1943, le siguió un tratamiento más libre en el que el paisaje era casi una excusa para plasmar la pintura pura que siempre había perseguido. En 1951 se le concedió el Gran Premio de Pintura de la I Bienal Hispanoamericana de Arte por su obra *Campos de Soria*.

En 1956, con otros pintores, como Tàpies, fue seleccionado para representar a España en la XXVIII Bienal de Venecia, y en 1973 fue elegido académico de número de la Real Academia de Bellas Artes de San Fernando.

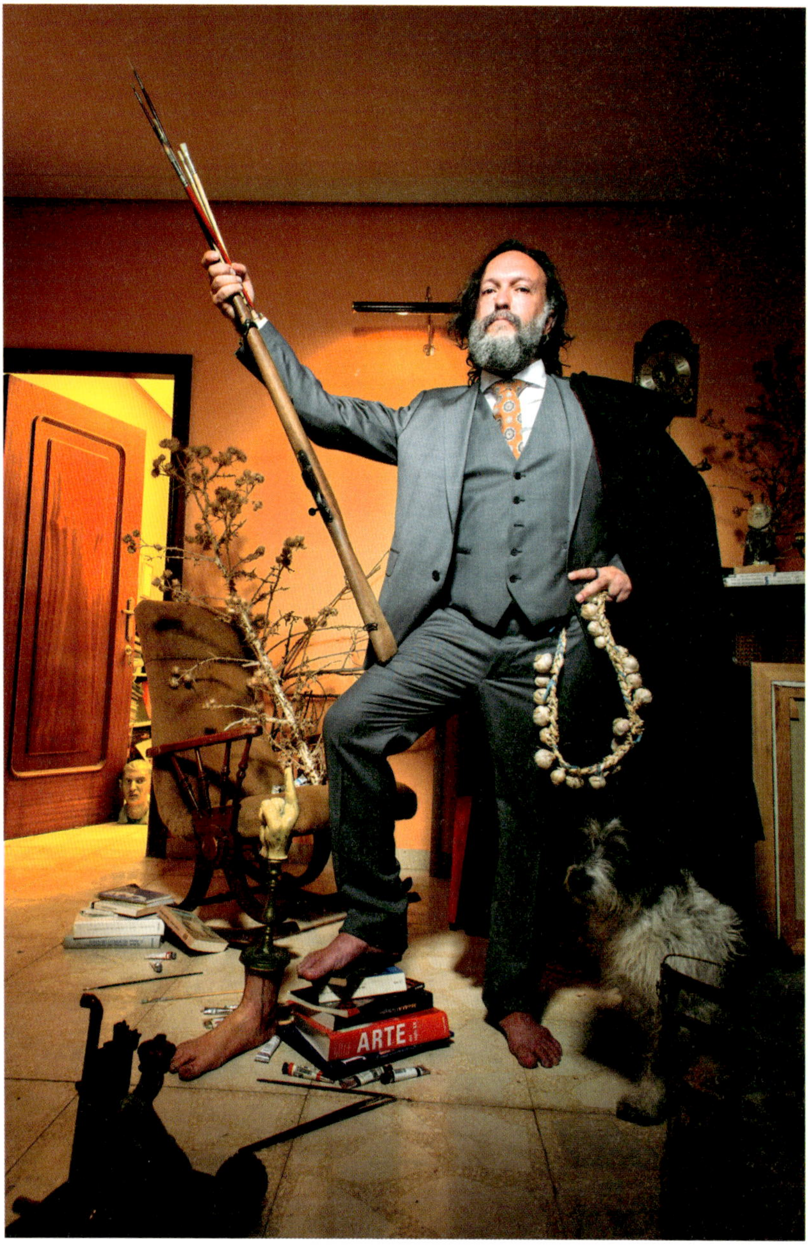
ARTE

JOSÉ LUIS SERZO

José Luis Serzo (Albacete 1977) es un artista que, a través de diferentes disciplinas, como la pintura, la escultura, la instalación, los objetos, la literatura, el vídeo y la fotografía, crea un hilo conductor en el desarrollo de grandes proyectos-relato, en los que materializa un imaginario propio. Un mismo tema es recurrente en su obra: sus personajes se debaten entre lo establecido, lo impuesto o esperado, y lo deseado, lo elegido, lo imprevisto, lo fantástico. Transitan por catárticas experiencias en la búsqueda de su más aunténtico yo, siendo ejemplos iniciáticos de una transformación global.

Serzo crea en sus series obras un tanto oníricas, con una trascendencia optimista en ocasiones, oscura en otras, pero siempre centrado en una búsqueda personal; en sus propias palabras: «Trabajo a favor de un nuevo paradigma donde la belleza, la armonía y la consciencia tengan su advenimiento».

Tiene reconocimiento crítico e institucional, Juan Manuel Bonet (exdirector del Museo Nacional Centro de Arte Reina Sofía) dijo de él: «José Luis Serzo es una de las voces más potentes y personales del mundo del arte figurativo contemporáneo en España».

Su obra ha podido verse en exposiciones de museos y centros de arte como Casal Solleric (Palma de Mallorca), Museo ABC (Madrid), Domus Artium DA2 (Salamanca), Museo Barjola (Gijón), Macuf (A Coruña), Centro de Arte Contemporáneo La Conservera (Murcia), Kunstbunker Tumulka (Múnich), Museo Nacional de Artes Decorativas (Madrid), CEART (Fuenlabrada), Las Cigarreras Centro Cultural (Alicante), Museo Freires (Berlín), Museo de Albacete, Centro Sangsang Madang (Seúl), Instituto Cervantes (Chicago, Madrid, Praga, Berlín, Cracovia, París, etcétera), Museo de Adra (Almería), Fundación Botín (Santander), Centro de Arte Joven de la Comunidad de Madrid, Centro Internacional de la Cultura Contemporánea (San Sebastián), Matadero (Madrid), Kursaal Kutxa Espacio del Arte (San Sebastián) CAB Centro Arte Caja de Burgos o Museo Leonora Carrington (Xilitla, México).

Su trabajo es o ha sido representado en exposiciones individuales por galerías como Galería Siboney (Santander), Galería Artizar (Tenerife), Galería Gema Llamazares (Gijón), PAPER Gallery (Mánchester), Blanca Soto Arte (Madrid), Marena Rooms Gallery (Turín), Kir Royal Gallery (Valencia), Moproo Gallery (Shanghái), MCO (Oporto), Ferrán Cano (Palma de Mallorca, Barcelona), Álvaro Alcázar (Madrid) o Galería Trinta (Santiago de Compostela).

Su obra ha podido verse en ferias como ARCO, Art Cologne, JustMad, JustLx, Drawing Room, Context Miami, Swab, Art Beijing, Art Madrid, Estampa, Diva Art Fair (Nueva York), Arte Lisboa, arteba (Buenos Aires), ArteSantander, Art Frankfurt, Art/Salamanca, Los Angeles o Scope Miami.

Su obra se encuentra representada en multitud de colecciones privadas nacionales e internacionales, así como en las siguientes colecciones públicas: Fundación Valparaíso, Fundación Fernando M. Centenera Jaraba, Museo ABC del Dibujo y la Ilustración (Madrid), Domus Artium DA2 de Salamanca. MEFIC (Museo de Escultura Figurativa Internacional Contemporánea), Facultad de Bellas Artes de la Universidad Complutense de Madrid, Museo Municipal de Albacete, Fundación Provincial de Cultura de la Diputación de Cádiz, Museo de Adra, Museo de Arte Contemporáneo de Genalguacil (Málaga), Faena Hotel and Universe (Buenos Aires), Hotel Porto Mare (Funchal-Madeira), Colección Norte de Arte Contemporáneo, Gobierno de Cantabria, Museo de la Naturaleza de Cantabria, Museo Provincial de Albacete.

Cuenta con dos espacios permanentes: Espacio Serzo Morille (Morille, Salamanca) y Espacio Serzo Santa Marta (Santa Marta de Tormes, Salamanca).

En 2025 Jose Luis Serzo ha recibido la Medalla al Mérito Cultural en las Artes Plásticas de Castilla-La Mancha.

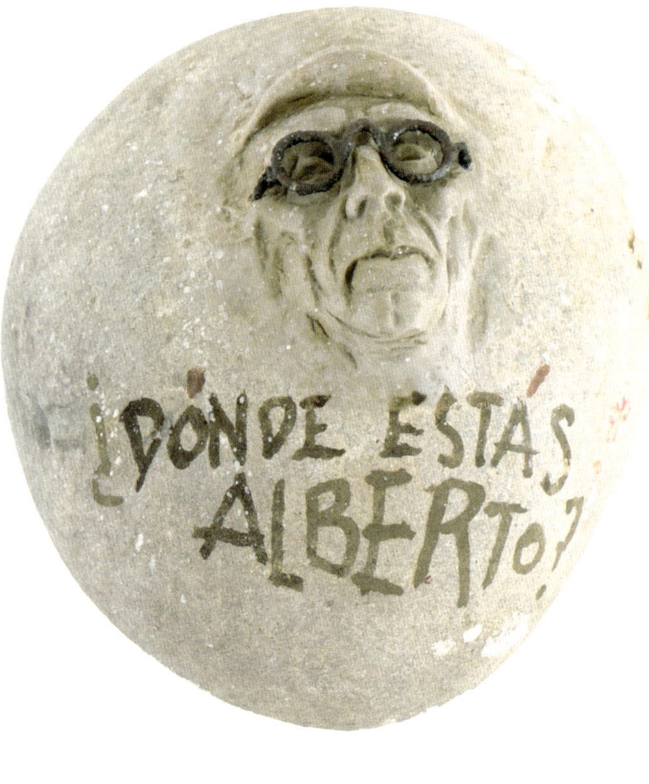
¿DÓNDE ESTÁS
ALBERTO?

BENJAMÍN PALENCIA

Benjamín Palencia (Barrax, Albacete, 1894 - Madrid, 1980) was a Spanish painter and a leading figure of the Spanish artistic avant-garde in the 1920s and 1930s, as well as a renovator of landscape painting in the second half of the century. Self-taught, Palencia began his artistic training in Madrid around 1915 as a copyist at the Prado Museum—Velázquez, Goya and above all El Greco—while following the style of other prominent Spanish painters of the time —the Impressionism of Regoyo, the Cubist influence of Vázquez Díaz, and Solana, although he discarded the "darkness" of this artist, which did not align with his personality.

In 1917, one of his works shown in an exhibition of young Madrid painters, *Homage to Larra*, caught the attention of Juan Ramón Jiménez, who took him under his wing and introduced him to Madrid's literary and artistic circles. He was also a friend of several poets grouped around the Generation of '27: García Lorca, Rafael Alberti, Miguel Hernández. With García Lorca he collaborated in his university theatre group La Barraca: Palencia designed the group's emblem as well as the costumes and sets for the production of Calderón de la Barca's *Life is a Dream*.

Together with the sculptor Alberto, whom he had met at the Exhibition of Iberian Artists (1925), he founded what would later be called the School of Vallecas, with the intention of fighting for "New Art" from Spain. Their idea was pure art stripped of all artifice. They developed a new vision of the Castilian landscape, with technical innovations such as the use of new materials—sand, ashes, leaves—innovations that would later be taken up by some of the Spanish Informalists of the second half of the 20th century. Works of this period also show a great influence of Surrealism, something evident in his 1933 Paris exhibition at the Galerie Pierre.

Always interested in novelty, Palencia was a close collaborator of Joaquín Torres-García during the latter's brief stay in Spain in 1933, taking part in the Constructive Art Group.

Towards the end of the Spanish Civil War, he had the opportunity to go into exile through the port of Valencia, but Palencia chose to remain in Spain. After the war, artistically isolated—his friends dead, in exile or imprisoned—he attempted to recreate the School of Vallecas with a group of young painters who saw in him a link with the pre-war artistic milieu. It was unsuccessful and he retreated to a village in Ávila. There he re-encountered the landscape as a source of inspiration, although now treated very differently from his pre-war period. From the initial naturalist style, which earned him a First Medal at the National Exhibition of Fine Arts in 1943, he moved on to a freer treatment in which the landscape was almost an excuse to capture the pure painting he had always sought.

In 1951 he was awarded the Grand Prize for Painting at the First Hispano-American Biennial of Art for his work *Fields of Soria*.

In 1956, alongside painters such as Tàpies, he was selected to represent Spain at the 28th Venice Biennale, and in 1973 he was elected a full member of the Royal Academy of Fine Arts of San Fernando.

JOSÉ LUIS SERZO

Serzo is a multidisciplinary artist noted for his story-exhibitions. *Post Show, The Fantastic Flight of the Comet Man, Thewelcome, The Dreams of I Ming or The Lords of the Forest* are some of his series, in which through painting, drawing, photography, objects, installation, video and literature as a thread conductor, tells somewhat dreamlike stories and with an optimistic transcendence.

His work has been seen in exhibitions at museums and art centers such as: Casal Solleric in Palma de Mallorca, Museo ABC in Madrid, Domus Artium DA2 Art Centre in Salamanca, Museo Barjola in Gijón, MACUF (A Coruña), Centro de Arte of Contemporary Art La Conservera (Murcia), Kunstbunker Tumulka in Munich, National Museum of Decorative Arts (Madrid), CEART (Fuenlabrada), Las Cigarreras Centre for Contemporary Culture (Alicante), Freires Museum in Berlin, Museum of Albacete, Centre of Art SangSang Madang (Seoul), Instituto Cervantes of Chicago, Museo de Adra (Almería), Fundación Botín (Santander), Centre for Young Art of the Community of Madrid, Instituto Cervantes (of Madrid, Prague, Berlin, Krakow, Paris, etc.). International Centre for Contemporary Culture of San Sebastián, Matadero Madrid, Kursaal Kutxaespacio del arte (San Sebastián), Leonora Carrington's Museum (Mexico), Museo Edward James (Mexico).

His work is or has been shown in individual exhibitions in galleries such as: Galería Siboney (Santander), Galería Artizar (Tenerife), Galería Gema Llamazares (Gijón), Paper Gallery (Manchester), Blanca Soto Arte (Madrid), Marena Rooms Gallery (Turin), Kir Royal Gallery (Valencia), Moproo Gallery (Shanghai), MCO (Port) or Ferran Cano (Palma de Mallorca, Barcelona). His work has been seen at fairs such as ARCO, Art Cologne, JUSTMAD, JUSTLX, Drawing Room, Context Miami, SWAB, Art Beijing, JUSTLX, Art Madrid, Estampa, DIVA Art fair (NY), Arte Lisboa, arteba (Buenos Aires), ArteSantander, Art Frankfurt, Art/Salamanca, Art Los Angeles, Scope Miami.

His work is represented in many national and international private collections, as well as in the following public collections: Caja Castilla-La Mancha-Museo de Valdepeñas, Fundación Valparaíso, Fundación Fernando M. Centenera Jaraba, Espacio Serzo Morille (Salamanca), Museo ABC (Madrid), Domus Artium DA2 of Salamanca. MEFIC (Museum of Contemporary International Figurative Sculpture), Faculty of Fine Arts of the UCM, Municipal Museum of Albacete, Provincial Foundation of Culture of the Cádiz City Council, Adra Museum, Museum of Contemporary Art of Genalguacil (Málaga), Teatro Circo Albacete, Faena Hotel and Universe (Buenos Aires), Hotel Porto Mare (Funchal-Madeira), North Collection of Contemporary Art, Government of Cantabria, etc. Espacio Serzo Morille (Salamanca) and Espacio Serzo Santa Marta are two public art spaces dedicated to permanently displaying his work.

He has also made public sculpture, such as the Monument to the Carnival of Tarazona de la Mancha, the Carnival museum of this same town and the sculpture tribute to the great Spanish filmmaker José Luis Cuerda for the Albacete City Council.

In 2025, José Luis Serzo received the Medal of Cultural Merit in the Plastic Arts from Castilla-La Mancha.

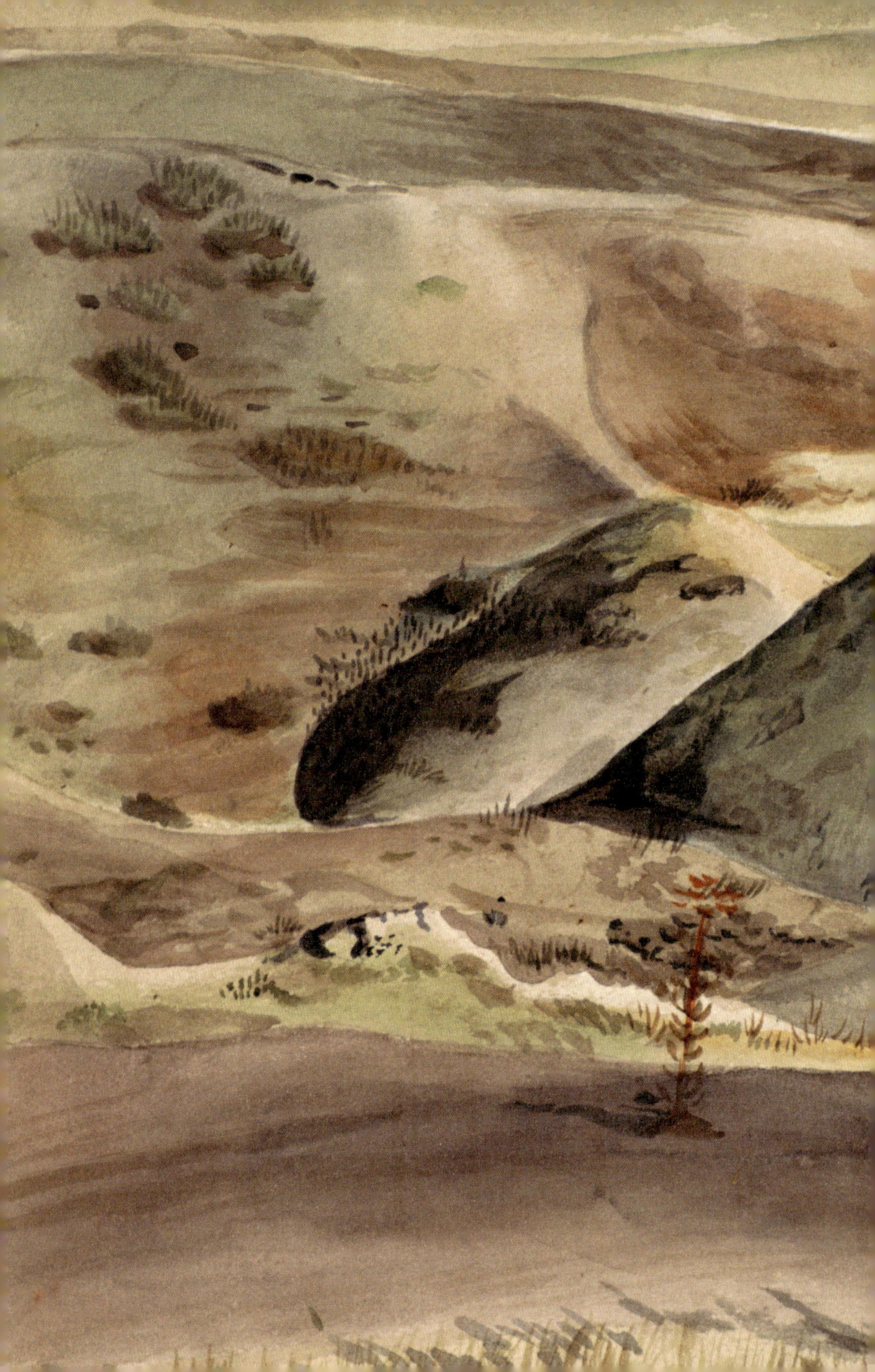

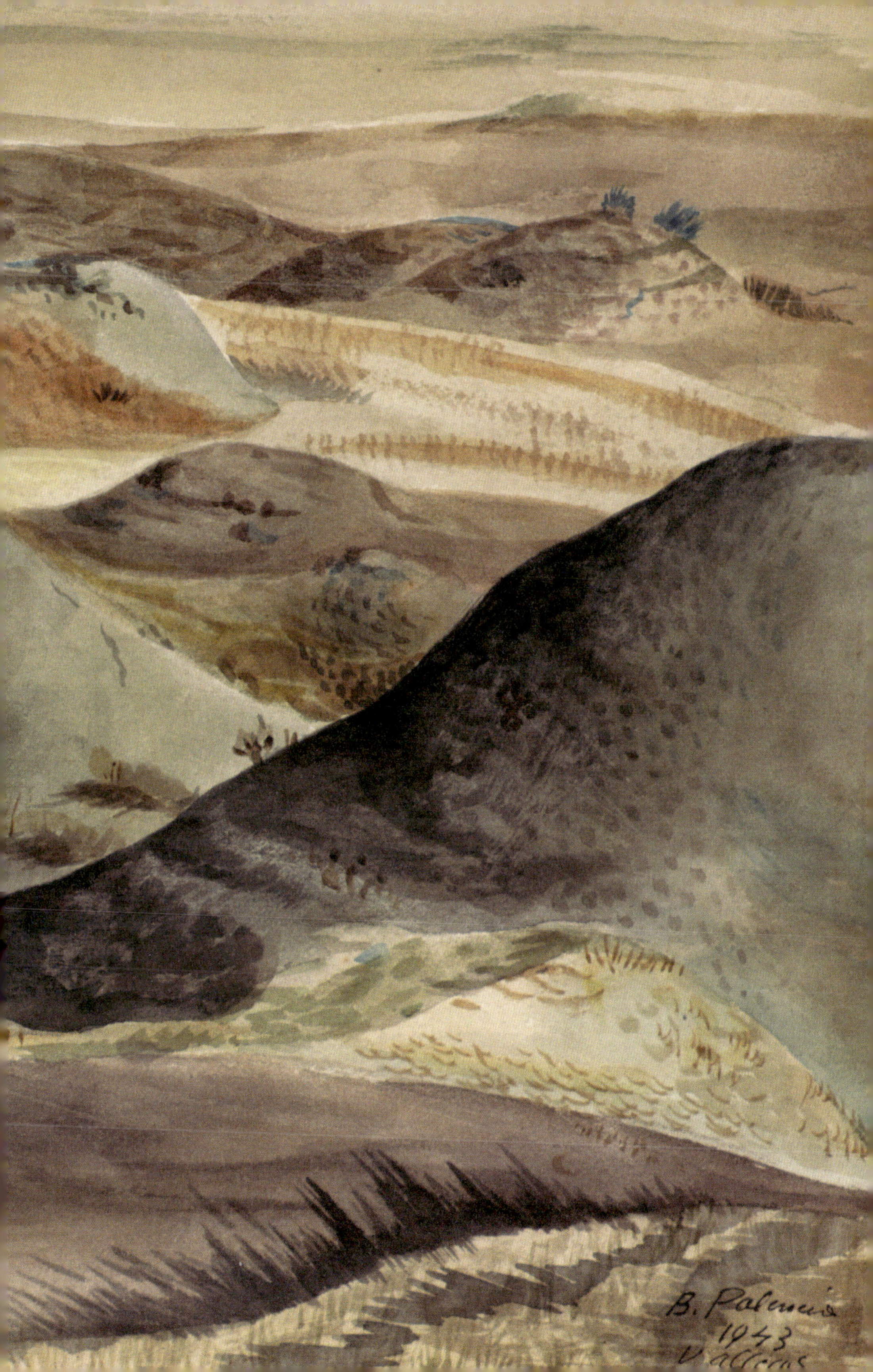
B. Palencia
1943

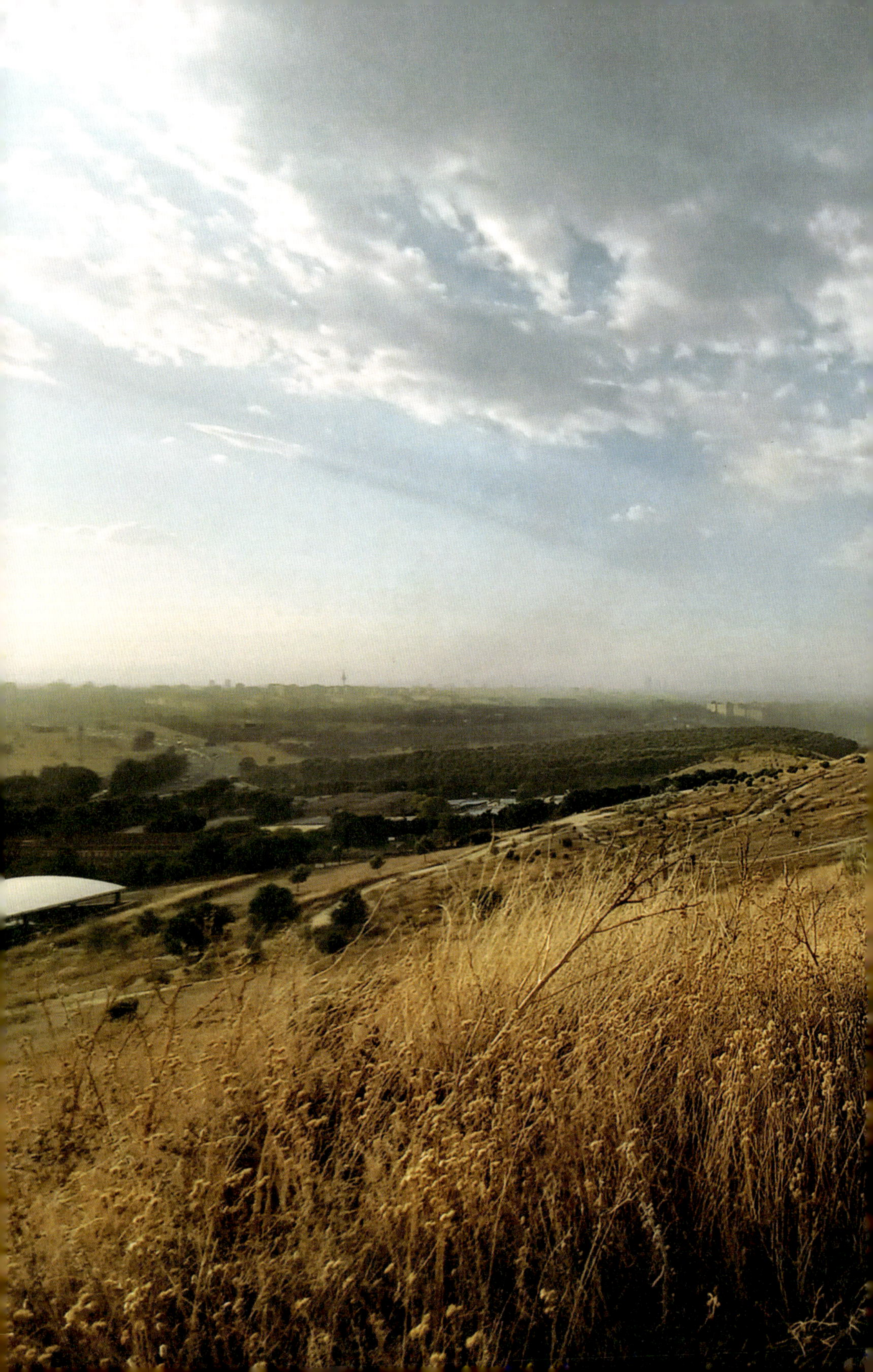

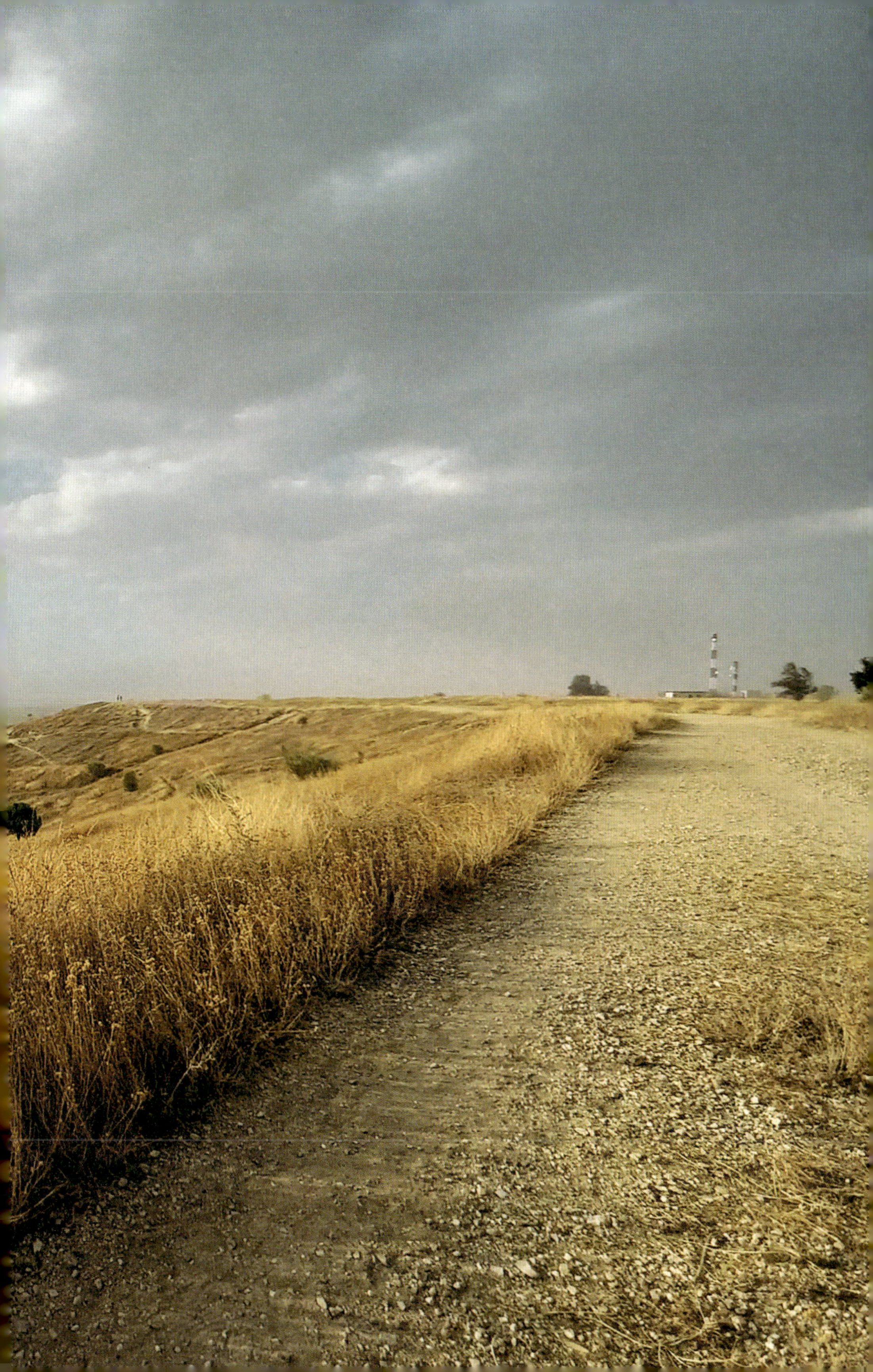

Imágenes / Images

Págs. 2-3, Benjamín Palencia, *Paisaje de la luna*, 1932, óleo, tierra y *collage* vegetal sobre tela, 72 × 92 cm (detalle)
Pp. 2-23, Benjamín Palencia, *Paisaje de la luna*, 1932, oil, sand and collage on canvas, 72 × 92 cm (detail)

Págs. 4-5, José Luis Serzo, *Visiones para una III Escuela de Vallecas*, 2025, óleo sobre tabla, 58 × 80 cm (detalle)
Pp. 4-5, José Luis Serzo, *Visiones para una III Escuela de Vallecas*, 2025, oil on wood, 58 × 80 cm (detail)

Pág. 6, José Luis Serzo, *Un chozo para Alberto*, 2025, óleo y lápiz sobre papel, 65 × 47,5 cm
P. 6, José Luis Serzo, *Un chozo para Alberto*, 2025, oil and pencil on paper, 65 × 47.5 cm

Pág. 10, Benjamín Palencia, *Payaso violinista*, 1945, tintas de color y acuarela sobre papel, 148 × 88,5 cm (detalle)
P. 10, Benjamín Palencia, *Payaso violinista*, 1945, ink and watercolour on paper, 148 × 88.5 cm (detail)

Pág. 32, José Luis Serzo, *¿Dónde estás, Alberto?*, 2025, óleo sobre acetato, masilla y madera, 80 × 20 cm
P. 32, José Luis Serzo, *¿Dónde estás, Alberto?*, 2025, oil on acetate, putty and wood, 80 × 20 cm

Pág. 46, José Luis Serzo, *Alberto en el Cerro Testigo*, 2024, óleo sobre tela, 38 × 56 cm
P. 46, José Luis Serzo, *Alberto en el Cerro Testigo*, 2024, oil on canvas, 38 × 56 cm

Págs. 58-59, José Luis Serzo, *Proyecto, acciones y escenas para una III Escuela de Vallecas*, 2025, técnica mixta sobre tela, 95 × 122,5 cm
Pp. 58-59, José Luis Serzo, *Proyecto, acciones y escenas para una III Escuela de Vallecas*, 2025, mixed media on canvas, 95 × 122.5 cm

Págs. 70-71, José Luis Serzo, *Naturaleza muerta en el Cerro Testigo*, 2025, óleo sobre tabla, 29 × 40 cm (detalle)
Pp. 70-71, José Luis Serzo, *Naturaleza muerta en el Cerro Testigo*, 2025, oil on wood, 29 × 40 cm (detail)

Págs. 82-83, José Luis Serzo, *Equilibrio precario en el Cerro Testigo*, 2025, óleo sobre papel sobre tabla, 21,5 × 28,7 cm (detalle)
Pp. 82-83, José Luis Serzo, *Equilibrio precario en el Cerro Testigo*, 2025, oil on paper on wood, 21,5 × 28.7 cm (detail)

Págs. 94-95, José Luis Serzo, *Acciones en el Cerro Testigo*, 2025, óleo sobre tela, 100 × 160 cm
Pp. 94-95, José Luis Serzo, *Acciones en el Cerro Testigo*, 2025, óleo sobre tela, 100 × 160 cm

Págs. 96-97, José Luis Serzo, *Intervenciones efímeras para una III Escuela de Vallecas*, 2025, fotografías
Pp. 96-97, José Luis Serzo, *Intervenciones efímeras para una III Escuela de Vallecas*, 2025, photographs

Págs. 108-109, José Luis Serzo, *Proyecto para un paisaje de extrarradio*, 2025, madera, masilla y óleo sobre tabla, 50 × 110 × 30 cm
Pp. 108-109, José Luis Serzo, *Proyecto para un paisaje de extrarradio*, 2025, wood, putty and oil on wood, 50 × 110 × 30 cm

Pág. 110, José Luis Serzo, *Acciones para una III Escuela de Vallecas*, 2025, fotografía
P. 110, José Luis Serzo, *Acciones para una III Escuela de Vallecas*, 2025, photograph

Pág. 112, Alberto Schommer, *Benjamín Palencia*, 1974, fotografía (detalle)
P. 112, Alberto Schommer, *Benjamín Palencia*, 1974, photograph (detail)

Pág. 114, Valiente Verde, *El guardián del Arte*, 2025, fotografía
P. 114, Valiente Verde, *El guardián del Arte*, 2025, photograph

Págs. 118-119, Benjamín Palencia, *Paisaje de Vallecas*, 1943, acuarela sobre cartulina, 33 × 41 cm (detalle)
Pp. 118-119, Benjamín Palencia, *Paisaje de Vallecas*, 1943, watercolour on cardboard, 33 × 41 cm (detail)

Págs. 120-121, José Luis Serzo, *Vista del Cerro Testigo*, 2025, fotografía
Pp. 120-121, José Luis Serzo, *View of Cerro Testigo*, 2025, photograph

Catálogo impreso en ocasión de la exposición celebrada en la Galeria Marc Domènech de Barcelona del 18 de septiembre al 31 de octubre de 2025.
This catalogue has been printed on the occasion of the exhibition held at Galeria Marc Domènech in Barcelona from 18 September to 31 October 2025.

Catálogo / Catalogue: Galeria Marc Domènech, Barcelona; Diputación de Albacete
Texto / Text: Juan Manuel Bonet, José Luis Serzo, Alberto Sánchez
Coordinación / Coordination: Galeria Marc Domènech
Traducciones / Translations: Discobole S.L., Alistair Carmichael
Diseño gráfico / Graphic design: Claudia Noble
Fotografías / Photographs: José Bonell, Alberto Schommer, José Luis Serzo, Valiente Verde
Producción y distribución / Production and distribution: TURNER

ISBN: 978-84-19539-23-6
DL: M-21516-2025

Colaboran:
With the collaboration of:

DIPUTACIÓN DE ALBACETE
Servicio de Educación y Cultura

Archivo Benjamín Palencia

GALERIA MARC DOMÈNECH
Ptge Mercader 12, bxs – 08008 Barcelona – TF: 93 595 14 82 – FX: 93 250 63 58
info@galeriamarcdomenech.com – www.galeriamarcdomenech.com